Neue

# Kleine Bibliothek 298

Matthias Martin Becker

# Klima, Chaos, Kapital

## Was über den Kapitalismus wissen sollte, wer den Planeten retten will

*PapyRossa Verlag*

Luxemburger Str. 202, 50937 Köln
Tel.: +49 (0) 221 – 44 85 45
Fax: +49 (0) 221 – 44 43 05
E-Mail: mail@papyrossa.de
Internet: www.papyrossa.de



Umschlag: Verlag, unter Verwendung eines
Motivs von dar woto | iStock 1026480094
Druck: CPI – Clausen & Bosse, Leck

Die Deutsche Nationalbibliothek verzeichnet diese Publikation in der Deutschen Nationalbibliografie; detaillierte bibliografische Daten sind im Internet über http://dnb.d-nb.de abrufbar

ISBN 978-3-89438-754-9

# Inhalt

# 1.
# Wer den Planeten retten kann

»Wir sind hier, wir sind laut, weil ihr uns die Zukunft klaut!« Die helle Jungenstimme dröhnt in meinen Ohren, während wir durch die leere Mitte Berlins laufen. »Wir sind hier, wir sind laut, weil ihr uns die Zukunft klaut!« Oh ja, Kleiner, laut bist du wirklich! Unablässig, unermüdlich schreit er die Parole, so wie die anderen auf dieser Demonstration. Meint er auch mich damit – gehöre ich zu denen, die den Jugendlichen ihre Zukunft rauben? Immerhin laufe ich mit ihnen durch die deutsche Hauptstadt und demonstriere »für mehr Klimaschutz«. Wieder einmal.

Die Hoffnung nicht zu verlieren, fällt schwer. Die Geschwindigkeit des Temperaturanstiegs schockiert selbst Wissenschaftler*innen, die seit Jahrzehnten vor dem Klimawandel warnen. Die vier heißesten Jahre seit Beginn der Wetteraufzeichnungen 1881 waren (in dieser Reihenfolge) 2016, 2020, 2019 und 2015. Laut der Weltorganisation für Meteorologie ist die durchschnittliche Temperatur bereits ein Grad Celsius höher als vor der industriellen Revolution.* Der durchschnittliche Temperaturanstieg könnte noch vor 2025 die kritische Grenze von 1,5 Grad Celsius überschreiten.[1] Die sogenannten Kippelemente des Erdsystems (zum Beispiel die Wolkenbildung über den Ozeanen, der Bodenfrost in der sibirischen Tundra oder das Eis der Arktis) beginnen zu wackeln. Sie haben unser Klima in den vergangenen neuntausend Jahren bestimmt. Wenn

---

* Das »vorindustrielle Niveau« bezeichnet den Durchschnitt der Jahre 1850 bis 1900.

diese Pfeiler fallen, wird sich die Erhitzung wahrscheinlich noch einmal beschleunigen. Schon bald könnte es zu spät sein, um die Folgen unter Kontrolle zu halten.

In dieser dramatischen Situation ist die Stimme der Jugend die einsame Stimme der Vernunft. Die neuen Klimabewegungen – *Fridays for Future*, *Extinction Rebellion*, *Ende Gelände* und viele andere, überall auf der Welt – verlangen nichts weiter als das Naheliegende, Allereinfachste, Vernünftige: dass wir den Ausstoß der Treibhausgase beenden, der die Erderwärmung antreibt. Aber dieser Bewegung geht es nicht nur um Naturschutz. Die jungen Menschen fordern, dass der Planet samt Eisbären und Bienen gerettet wird, aber ebenso sehr wollen sie selbst gerettet werden! Als *Klimagerechtigkeitsbewegung* setzen sie das Thema der Gleichheit auf die politische Tagesordnung: Gleichheit zwischen den Generationen, Gleichheit im nationalen Rahmen und auch zwischen den Weltregionen, die unterschiedlich stark von der Klimakrise getroffen werden und denen unterschiedlich große Ressourcen zur Verfügung stehen, um sich zu schützen. Ja, die Demonstrant*innen wollen eine Zukunft haben, aber im gleichen Atemzug fordern sie eine Welt, in der nicht noch mehr Menschen hungern und vertrieben werden.

Naiv, oder? Die politische Klasse, die Volksvertreter*innen, Journalisten*innen und Intellektuelle haben auf ihre Forderung mit vermeintlich wohlmeinenden Ratschlägen geantwortet. Mit Allerweltsweisheiten aus dem Ein-Euro-Shop und Mahnungen zu Ruhe und Geduld. Oder aber mit Hohn und Spott, Diffamierungen und Lügen.[2] Die Rechte organisierte Desinformationskampagnen und ließ sich von jugendlichen Klimaschützer*innen zu regelrechten Hassausbrüchen hinreißen. Und oft bestand die Reaktion in mehr oder weniger geschickten Versuchen, die Proteste für eigene politische Zwecke zu vereinnahmen. »Es ist inspirierend, junge Aktivisten zu treffen. Wir stimmen darüber überein, dass schnelles Handeln gegen den Klimawandel nötig ist«, erklärte die Präsidentin der EU-Kommission, Ursula von der Leyen, nach einem Gespräch mit *Fridays for Future* – um dann deren Forderungen zu ignorieren. Besonders junge Klimabewegte werden auf der Bühne hofiert und in den Hinterzimmern ausgelacht. Manche Umarmungsversuche wirken fast so, als wollten die Amtsträger*innen die Jugendlichen ersticken.

## Notwendige Desillusionierung

Im Oktober 2018 stellte sich eine Schülerin mit einem Transparent vor das schwedische Parlament, auf das sie »Schulstreik für das Klima« geschrieben hatte. Ich weiß, es wurde schon zu viel über Greta Thunberg geschrieben. Dennoch kommt auch dieses Buch nicht ganz um die Erfinderin des »Klimastreiks« herum. Sie wollte das Pariser Klimaabkommen retten und die Erderwärmung auf 1,5 Grad Celsius begrenzen. So inspirierte sie eine riesige internationale Bewegung, aber ihr Ziel erreichte sie nicht. Politiker*innen äußern lediglich mehr Lippenbekenntnisse als früher, wirksame konkrete Maßnahmen gibt es kaum. National wie international versuchen die Regierungen weiterhin, ihre Tatenlosigkeit mit großartigen Versprechen und »ehrgeizigen Zielen« zu überspielen: Ankündigen – antäuschen – weiter machen wie bisher. Und dann noch mal von vorne.

»Das ist alles falsch! Ich sollte eigentlich gar nicht hier sein«, rief Greta Thunberg im Herbst 2019 in einer aufgewühlten Rede in New York bei einer Versammlung der Vereinten Nationen. »Ich sollte zurück in der Schule sein, auf der anderen Seite des Atlantiks.« Die mächtigsten Politiker*innen der Welt hören so klare Worte selten. »Ihr habt mir meine Träume und meine Kindheit mit eurem leeren Gerede gestohlen. Aber ich gehöre noch zu den Glücklicheren. Menschen leiden, Menschen sterben. Ganze Ökosysteme kollabieren. Wir stehen am Beginn eines massenhaften Aussterbens. Und alles, worüber ihr reden könnt, ist Geld und Märchen über ewiges Wirtschaftswachstum!«

Für viele junge Aktivist*innen ist das Versagen der Regierungen und der internationalen Klimadiplomatie eine brutale Erfahrung. Aber es handelt sich um eine Enttäuschung im doppelten Sinn des Wortes, um eine *Desillusionierung*. Als die Bundesregierung im Jahr 2020 neue Gesetze zum Klimaschutz präsentierte, nannte Luisa Neubauer, eine prominente Vertreterin von *Fridays for Future* und Mitglied der Grünen, das Ergebnis »bizarr« und »skandalös«: »Allen Demonstrationen und allem Lobbying für mehr Klimaschutz zum Trotz wurde nicht einmal versucht, die in Paris vereinbarten Ziele einzuhalten.«[3] In einem Interview beschwerte sie sich bei der Regierung, dass sie nun der Bewegung erklären müsse, »warum wir eigentlich Ergebnisse erwarten, wenn diese nicht eintreffen.«

In diese Situation hat sich die Aktivistin und Nachwuchspolitikerin selbst gebracht. Aktivismus als Überzeugungsarbeit von Berufspolitiker*innen funktioniert nicht. »Du kannst niemanden aufwecken, der nur so tut, als würde er schlafen«, lautet ein passendes amerikanisches Sprichwort. Der Schriftsteller Upton Sinclair formulierte es noch nüchterner: »Es fällt schwer, jemanden von etwas zu überzeugen, wenn sein Gehalt davon abhängt, es nicht zu verstehen.« Die politischen Machtverhältnisse werden durch noch so große und noch so kreative Proteste nicht verändert. Wer etwas anderes verspricht, sät Illusionen. Erfolg kann die ökologische Bewegung nur haben, wenn sie echte Gegenmacht entwickelt.

Für das »fossile Kapital« steht in dieser Frage viel auf dem Spiel, nämlich die eigene Existenz. Aber auch das Kapital insgesamt und der Staat sind in dieser Frage nicht neutral. Eine Regierung mit Beteiligung von Bündnis 90/Die Grünen würde kaum etwas ändern (sollte sie es denn wirklich versuchen). Denn der Ausstoß von Treibhausgasen ist untrennbar mit dem gegenwärtigen wirtschaftlichen und politischen System verwoben, mit Macht und Reichtum (und mit Ohnmacht und Armut). Eine Änderung des Energiesystems ist ohne eine Änderung des Wirtschaftssystems nicht möglich. Wie die beiden zusammenhängen, ist das Thema dieses Buchs.

## Ein System ohne Zukunft

Dass eine angemessene Reaktion auf die Klimakrise ausbleibt, ist ein Offenbarungseid, das heißt: eine Bankrotterklärung. Unternehmen, Regierungen, die sogenannte Staatengemeinschaft und auch die Wissenschaft haben auf diese Herausforderung keine Antwort parat. Der Klimawandel wird nur noch selten rundheraus abgestritten, aber die Klimaleugnung hat viele Gesichter. Gerade Unternehmensvertreter zeigen geradezu schizophrene Verhaltensweisen. In ihren Bilanzen stecken hohe Anlagen, die bei einer globalen Erwärmung von zwei Grad Celsius oder mehr wertlos werden. Jede *ceteris paribus*-Berechnung – die Annahme, dass die allgemeinen Umstände gleich bleiben – wird obsolet, weil der Klimawandel alles verändert. Sofern sie langfristige Planungen veröffentlichen, behandeln die großen Unternehmen, Banken und Vermögensverwalter den Klimawandel immer noch als berechenbar und deshalb versicherbar. Aber der Weltmarkt, die Landwirtschaft, das Staatensystem und deshalb auch das Finanz- und Währungssystem werden in ihrer bisherigen Form nicht bestehen bleiben, wenn die globale Durchschnittstemperatur kritische Schwellen überschreitet.

Wenn die Klimabewegung Erfolg haben will, darf sie nicht nur gegen Treibhausgase kämpfen. Denn erstens ist die Erderhitzung mit weiteren ökologischen Problemen verwoben, zweitens trifft sie auf die schwelenden wirtschaftlichen Schwierigkeiten. Das kapitalistische Weltsystem steckt in der Klemme, in einer »Zangenkrise« (Klaus Dörre). Um die ökologische Krise zu entschärfen (oder ihr Fortschreiten wenigstens zu verlangsamen), müssten Ressourcenverbrauch und Umweltverschmutzung sinken. Dadurch würden sich unweigerlich die ökonomischen Verwerfungen verschlimmern. »Das seit Jahrzehnten fraglos eingesetzte Mittel zur Überwindung ökonomischer Krisen, die Generierung von materiellem Wachstum, bewirkt in der Gegenwart fast zwangsläufig eine Zuspitzung und Verschärfung ökologischer Krisen.«[4]

Allmählich werden auch die ökologischen Zerstörungen selbst zu einem wirtschaftlichen Problem. Sie zerstören Infrastrukturen (und töten Menschen), sie verursachen Kosten und senken die Gewinne. Auch im Globalen Norden bremsen die Folgen des Klimawandels zunehmend das Wirtschaftswachstum. Der Soziologe Klaus Dörre sieht in der großen Banken- und Finanzkrise ab 2007 einen historischen Wendepunkt: »Sofern Wirtschaftswachstum überhaupt noch generiert werden kann, zehren die ökologischen Destruktionskräfte den äußerst ungleich verteilten Wohlfahrtsgewinn auf.«[5] Das erlahmende Wachstum und die massive soziale Ungleichheit untergraben darüber hinaus die gewohnten politischen Mechanismen des Ausgleichs und der Konsensbildung. Diese Verbindung aus zunehmender wirtschaftlicher Stagnation und verschärfter Konkurrenz zwischen den Nationen erklärt das selbst-mörderische Verhalten der Eliten in der Klimafrage.

## Soziale und ökologische Frage – eine widersprüchliche Einheit

Um eine komplizierte Geschichte kurz zu machen: die ökologische Frage wurde von der Arbeiter*innenbewegung häufig mit Widerwillen betrachtet, als Ablenkung von den eigentlichen (sozialen) Fragen heruntergespielt und manchmal als bloßer Zeitvertreib für Bürgerkinder abgetan. Diese Haltung wurzelte darin, dass im 20. Jahrhundert im Globalen Norden und später in Teilen des Globalen Südens der Lebensstandard breiter Bevölkerungsschichten stieg. Die Umweltzerstörungen, die mit der »Konsumgesellschaft« einhergingen, galten als unerwünschte, aber vertretbare Nebenwirkungen des Wachstums, auch unter Kommunist*innen, Sozialist*innen und Sozialdemokrat*innen.

Die vermeintlich angemessene Antwort auf die ökologische Frage lautete – links wie rechts – »Naturschutz«. »Abgesehen von Liebhabern der Pflanzen- und Tierwelt und anderen Beschützern der natürlichen und menschlichen Raritäten fanden Umweltverschmutzung und ökologische Probleme wenig Aufmerksamkeit«, schreibt der Historiker Eric Hobsbawm. »Die herrschende Fortschrittsideologie ging wie selbstverständlich davon aus, dass die wachsende Beherrschung der Natur durch den Menschen lediglich ein Beleg für die Weiterentwicklung der Menschheit war.«[6]

Zum Schutz seltener Pflanzen und bedrohter Tierarten trat ein weiteres Motiv hinzu, nämlich die Lebensreform in unterschiedlicher Gestalt. Ab den 1970er Jahren wurde der Wunsch nach einem Leben in »Einklang mit der Natur« zu einem Massenphänomen. Gleichzeitig nahmen Ressourcenverbrauch und Schadstoffbelastungen stetig zu. Mit der Zeit wanderte dieses Thema aus der politischen Nische ins Zentrum, eben weil immer mehr Menschen ein mulmiges Gefühl bekamen. Heute kommt keine politische Partei mehr am Umweltschutz vorbei, der auf irgendeine Art und Weise gefördert werden soll. Der Begriff der »Nachhaltigkeit« verbreitete sich ab Anfang der 1990er Jahre und markierte endgültig, dass das Thema *Mainstream* geworden war.

Nun wird die ökologische Frage so dringlich, dass sie die überkommenen Kategorien sprengt. Wie erhalten wir grundlegende Funktionen des Ökosystems? Sicher nicht ohne eine grundlegende Umgestaltung der gesamten Produktion, der Energiegewinnung, der Landwirtschaft, des Verkehrs, der Wohnformen, kurz: unserer ganzen Lebensweise. Einzelne Maßnahmen, das ein oder andere Umweltgesetz und neue Steuern werden scheitern. Damit sind aber auch die üblichen Formen der »Umweltpolitik« überholt, die nebenher oder hinterher die Naturaneignung lenken und regeln sollte. »Nachsorgende Schutzmaßnahmen«, die bisher einzelne Probleme entschärften (häufig sie in Wirklichkeit nur räumlich und zeitlich verlagerten) sind wenig aussichtsreich, wenn erdumspannende biogeochemische Kreisläufe gestört sind.

Die kanadische Autorin und Aktivistin Naomi Klein hat die neue Dimension der ökologischen Frage klar erfasst. In ihrem Buch »Kapital vs. Klima« analysiert sie auch die Bildsprache der Umweltschutzbewegung. Eine berühmte Photographie der Erdkugel nimmt darin eine prominente Rolle ein: Die Erde als schöne Murmel, blau von weißen Wolkenschlieren und rötlichen Landmassen durchzogen, liegt im All wie auf schwarzem Samt. »Seit über vierzig Jahren war die Ansicht der Erde vom Weltraum aus das inoffizielle Logo der Umweltbewegung«, schreibt Naomi Klein. »Es ist das Ding, das wir auf UN-Klimakonferenzen schützen und das wir alljährlich am Tag der Erde ›retten‹, als wäre es eine gefährdete Spezies oder ein verhungerndes Kind in einem fernen Land oder ein Haustier, das unserer Fürsorge bedarf.« Aber, kritisiert die Autorin, diese Haltung ist vermessen: »Wir Menschen sind es, die zerbrechlich und verletzlich sind, während die Erde gesund und stark ist. Wenn wir es zu weit treiben, kann sie uns ohne weiteres durchschütteln, verbrennen und komplett abschütteln.«[7]

Die »Rettung des Planeten« meint die Rettung unserer Lebensgrundlagen, auch wenn es dem Erdball natürlich gleichgültig ist, ob ihn Mikroben oder Menschen und andere Wirbeltiere besiedeln. Aus Naturschutz wird Menschenschutz. Wenn wir das Erdsystem erhalten, handeln wir im eigenen Interesse als Gattung, für uns selbst und unsere Kinder. Auf einem sterbenden Planeten gibt es nicht nur keine Arbeitsplätze mehr, wie eine beliebte Parole lautet, sondern es wird auch keinen Sozialismus geben und nicht einmal eine kapitalistische liberale Demokratie. Die soziale und ökologische Frage verschmelzen, aber auf widersprüchliche Art und mit ungewissem Ausgang.

## »Im Folgenden …«

»Ist es Wahnsinn, so hat es doch Methode!«, heißt es im Hamlet. Im Folgenden geht es also um die Strukturen des sozioökonomischen Irrsinns, der die Menschheit immer tiefer in die Klimakrise treibt. Was sind die Ursachen der Umweltzerstörung? Warum der hinhaltende Widerstand gegen die notwendigen Maßnahmen, um uns an die Erderwärmung anzupassen und den Temperaturanstieg soweit wie noch möglich zu begrenzen?

Das nächste Kapitel (»Was auf dem Spiel steht«) bietet eine kurze Bestandsaufnahme der vielgestaltigen Krise. Danach stelle ich (in sehr groben Zügen) dar, wie das kapitalistische Weltsystem seit den 1970er Jahren in die gegenwärtige Situation geraten ist. Gerade die Mechanismen, mit denen Wirtschaftswachstum erzeugt wurde (oder, wo das misslang, wenigstens Reichtum von unten nach oben geschaufelt wurde), geraten ins Stocken oder kommen sogar zum Erliegen (»Wie der Kapitalismus sich in die Sackgasse manövriert hat«).

Das Verhältnis von Kapital zu den natürlichen Lebensgrundlagen ist grundsätzlich nicht nachhaltig, der Raubbau die angemessene Form. Kann der Kapitalismus ökologisch nachhaltig gemacht werden? Die kurze Antwort lautet nein (»Warum der Kapitalismus nicht grün wird«).

Viele Menschen flüchten sich in einen quasireligiösen Glauben an unsere technischen Möglichkeiten, an fiktive unausgeschöpfte Ressourcen und ökologische Selbstheilungskräfte. Aber mit rein technischen Lösungen lässt sich die Klimakrise nicht entschärfen (»Warum uns der technische Fortschritt nicht retten wird«). Auch mit Besteuerung, Emissionshandel oder Technologieförderung – den »marktwirtschaftlichen Instrumenten« der Umweltpolitik – ist sie nicht unter Kontrolle zu bekommen (»Was bürgerliche Umweltpolitik vermag – und was nicht«).

Stattdessen sind radikale Eingriffe in die Kapitalfreiheit und das Privateigentum notwendig, eine umfassende gesamtgesellschaftliche Planung auf nationaler und internationaler Ebene, um den Lebensstandard der ärmeren Teile der Weltbevölkerung zu heben und gleichzeitig den Ausstoß der Treibhausgase zu senken (»Wie kollektive Lösungen gegen das Klimachaos aussehen könnten«). Solche Eingriffe führen nicht in eine »Klimadiktatur«, sondern werden geradezu zu einer Voraussetzung für Demokratie. Denn ohne Eingriffe »in die Freiheit der Märkte« werden wir mit hoher Wahrscheinlichkeit in einem barbarischen Klimachaos versinken – und uns autoritärere Notstandsregime einhandeln, als wir uns heute noch vorstellen mögen.

Überlegungen zu den kommenden Herausforderungen für die Klimagerechtigkeitsbewegung bilden den Abschluss. Unter dem Schlagwort *Green New Deal* propagieren Sozialdemokrat*innen, Grüne und auch manche Aktivist*innen in der Klimagerechtigkeitsbewegung (zum Beispiel die erwähnte Luisa Neugebauer) eine ökologische Modernisierung, die Kapital und Natur ins Gleichgewicht bringen soll. Eine Betrachtung des historischen *New Deal* in den Vereinigten Staaten in den 1930er Jahren (wie die in Kapitel 8) zeigt allerdings, dass der Kapitalismus damals durchaus gegen den Willen der Kapitalisten gerettet wurde und die heutige Situation kaum vergleichbar ist. (»Weshalb die soziale und die ökologische Frage dieselbe Antwort haben«).

Der Klimawandel ist unerbittlich wie ein »Meteoriteneinschlag in Zeitlupe«, wie es der Klimaforscher Joachim Schellnhuber einmal formulierte. Fast nirgendwo auf der Welt lassen sich Beispiele für eine entschlossene Emissionsminderung und Anpassung finden (Mitigation und Adaption). Da fällt es schwer, die Hoffnung nicht zu verlieren. Aber wir müssen hoffen, um diesen Kampf zu führen und ihn zu gewinnen. Hoffnung nur vorzuspielen oder zu behaupten – wie es zum Beispiel die Formel Antonio Gramscis »Pessimismus des Verstandes, Optimismus des Willens« nahelegt –, wird nicht genügen. Wir können die Treibhausgas-Emissionen senken, die Klimakrise bremsen und uns an die mittlerweile unvermeidlich gewordenen Folgen anpassen, wenn wir die produktiven und kreativen Möglichkeiten aller Menschen entfesseln. Dazu müssen wir allerdings viele der bestehenden Märkte abschaffen, neue Infrastrukturen errichten und alte wieder herrichten, Technologie weltweit verfügbar machen und gesamtgesellschaftlich planen. Um in diese Lage zu kommen, sollten wir die Hindernisse kennen, die uns dabei begegnen werden.

## 2.
## Was auf dem Spiel steht

Die Nachrichten erinnern immer mehr an einen dieser Hollywood-Katastrophenfilme. Waldbrände in Australien, Asien und Nordamerika, die mit ihrem Rauch den Himmel verdunkeln. In Delhi binden sich Passanten Tücher vors Gesicht, um weniger davon einzuatmen. Autofahrer müssen mitten am Tag die Scheinwerfer einschalten. Sogar in Sibirien kommt es im Sommer 2020, nach einer in dieser Region beispiellosen Hitzewelle, zu ausgedehnten Waldbränden. Tiere verdursten. Riesige Heuschreckenschwärme, mehrere Quadratkilometer groß, verheeren Landstriche in Afrika und Südamerika. Verzweifelte Bauern schlagen auf Töpfe, um mit dem Lärm die Insekten von ihren Feldern zu vertreiben und wenigstens ein bisschen von ihrer Ernte zu retten. Küstenbewohner in Bangladesch benutzen während einer Überschwemmung große Netze, um ihre Besitztümer aus dem braunen Wasser zu fischen.

Die bestürzenden Fernsehbilder zeugen davon, dass sich die Katastrophen häufen. Anhaltende Dürre und extreme Hitze führen zu Wald- und Steppenbränden, die sogenannten Extremwetterereignisse wie Sturzregen und Überschwemmungen werden häufiger. Wirbelstürme setzen den Küsten zu. Sieht so die Klimakrise aus? Andere Folgen setzen langsamer ein. Im Auf und Ab des Wetters fallen sie weniger auf, dabei sind sie womöglich noch gefährlicher.

In Deutschland gab es zwischen 2010 und 2020 durchschnittlich acht Hitzetage im Jahr (definiert als Temperatur über 30 Grad Celsius). Zwischen 1980 und 1990 lag die Anzahl noch bei sechs Tagen, zwischen 1950 und 1960 sogar nur bei drei Tagen. Mehr Hitze und weniger Frost verändern Flora und Fauna. Die heimischen Baumarten Buche, Fichte und Eiche kommen mit der Trockenheit nicht zurecht. Nach drei Dürre-Sommern hintereinander sind die Wälder in Deutschland im Jahr 2020 zu einem Drittel tot.

Durch das Waldsterben verlieren Tiere, Pflanzen und Pilze ihren Lebensraum. Einige Arten können abwandern und neue Nischen finden, die anderen sterben aus. So fallen wichtige ökologische Funktionen aus, die dieser Naturraum (Ökotop) bisher erfüllte. Das Erdreich wird nicht mehr von Wurzeln festgehalten und durch Äste und Blätter vor dem prasselnden Regen geschützt. Es wird weggespült oder von Wind weggeweht, dessen Kraft nicht mehr durch die Stämme abgefangen wird. Die Bodenerosion nimmt zu, die Biodiversität (Artenreichtum) nimmt ab.

Wälder schaffen sich in gewissem Umfang ein eigenes Klima. Wie ein Schwamm saugen sie den Niederschlag auf und geben dann langsam und stetig Feuchtigkeit ab. Aber sie verändern nicht nur die klimatischen Verhältnisse vor Ort, sondern global. In ihrem Holz speichern die Bäume Kohlendioxid, das sie über die Photosynthese der Luft entnehmen. Bei Waldbränden werden abrupt große Mengen Kohlendioxid freigesetzt. So gelangten im Sommer 2020 durch die Waldbrände entlang des Polarkreises schätzungsweise 250 Millionen Tonnen Kohlenstoff in die Atmosphäre. Wenn wir Ökotope wie den Wald verlieren, wird unser Klima extremer und unberechenbarer.

## Wann kippt das planetare Klima?

Die Erderwärmung ist kein linearer Prozess. Ein Temperaturanstieg von 3 Grad Celsius ist nicht doppelt so schlimm wie ein Anstieg von 1,5 Grad, sondern weit schlimmer. Die Schwankungen bei Temperatur, Wind und Niederschlag nehmen zu. Sie stellen die Anpassungsfähigkeit von Pflanzen, Tieren und unsere eigene auf die Probe.

Das Klima der Erde ist das komplexeste System, das wir kennen. Es wird bestimmt durch die Sonneneinstrahlung und ihre unterschiedlich starke Reflexion, durch vulkanische Emissionen, Wind und Meeresströme und die Wolkenbildung. Es entsteht aus »biogeochemischen Kreisläufen«, der Interaktion von Lebewesen und chemischen und geologischen Prozessen. Geologische, biologische und chemische Dynamiken spielen zusammen. So bestimmt der Kohlenstoffkreislauf maßgeblich, wie viele Kohlendioxidpartikel sich in der Erdatmosphäre befinden (und damit auch, wie schnell sich die Erde erhitzt). Diese Konzentration wird aber nicht nur von Autoabgasen beeinflusst, sondern auch von der Photosynthese von Algen.* Die Stoff- und Energieflüsse auf diesem Planeten hängen zusammen, und die Wissenschaft hat ihre Dynamik bisher nur ansatzweise entschlüsselt.

Die Erde erhitzt sich, weil wir den natürlichen Treibhauseffekt verstärken. Wolken, Wasserdampf und andere Gase in der Troposphäre, dem untersten »Stockwerk« der Atmosphäre, halten einen Teil der Wärme, die sonst von der Erdoberfläche zurückgeworfen würde. Durch diese Erwärmung wird Leben auf diesem Planeten erst möglich. Indem wir die Konzentration dieser Treibhausgase (THG) erhöhen, erzeugen wir einen zusätzlichen Treibhauseffekt. Die THG verbleiben unterschiedlich lange in der Atmosphäre: Aerosole wenige Wochen, Methan ungefähr ein Jahrzehnt, Lachgas ungefähr ein Jahrhundert. Die wichtigste Rolle beim menschengemachten Treibhauseffekt (*anthropogen*) spielt das Kohlendioxid. Ein großer Teil davon bleibt viele Jahrhunderte, weshalb die Konzentration ansteigt. Heute liegt sie ungefähr bei einem Volumen von 410 *parts per million* (ppm). Vor dem Jahr 1800 waren es lediglich 280 ppm. Die $CO_2$-Konzentration wirkt wie eine Art Thermostat des Erdsystems, das immer höher gedreht wird.

---

* Damit wiederum von den Strömungen in den Weltmeeren, dem Austausch zwischen den hohen und tiefen Wassermassen, den Kreisläufen von Nährstoffen und vielem mehr.

Manche Elemente im Klimasystem wirken stabilisierend. Die Weltmeere lösen Kohlendioxid aus der Luft und nehmen einen großen Teil der zusätzlichen Wärme auf. Bis jetzt gleichen sie ungefähr 90 Prozent der anthropogenen Erwärmung aus. Pflanzen und Böden entziehen der Luft Kohlendioxid. Diese Kohlenstoffeinlagerung der Biosphäre ist eine negative Rückkopplung. Einige Wissenschaftler*innen schlagen daher vor, den anthropogenen Klimawandel zu stoppen, indem wir viele Bäume pflanzen. So einleuchtend das klingt, Bäume können die Erderwärmung unter Umständen noch verstärken. Sie hängt nämlich unter anderem von der Helligkeit der Oberfläche ab, auf die die Sonnenstrahlen treffen (der Fachbegriff für diese Rückstrahlung lautet Albedo). Das grüne Blätterdach von Bäumen ist dunkler als Steppe oder Äcker und viel dunkler als Eis und Schnee. Dieses Beispiel zeigt, wie komplex die Elemente im Klimasystem sind. Negative Rückkopplungen können in positive umschlagen. Einige positive, sich selbst verstärkende Dynamiken sind bereits in Gang: In der Arktis beispielsweise schmilzt die Eisdecke. Wegen der Erwärmung wachsen grüne Algen, die wegen des höheren Albedos das Tauen weiter beschleunigen.

Die Biomasse an Land und im Meer speichert einen großen Teil des Kohlendioxids, das durch die Verbrennung von Öl, Kohle und Gas entsteht. Aber ihre stabilisierende Wirkung wird wegen der steigenden Temperaturen schwächer. Bei Hitze und Dürre können Pflanzen weniger Photosynthese betreiben. Fatalerweise werden die natürlichen Senken weniger effizient, je stärker sich die Erde erhitzt – ein Teufelskreis.

Seit etwa 12.000 Jahren beruht das Klima auf diesem Planeten auf einem bestimmten Zusammenspiel von Ökosystemen, Eismassen, Strömungen in den Weltmeeren und der Luftmassen über dem Land. Im Gegensatz zu vorangegangenen Erdzeitaltern blieben die klimatischen Verhältnisse innerhalb gewisser Schwankungsbreiten und einigermaßen stabilen Verhältnissen. Beispielsweise sorgt der Strahlstrom (*Jetstream*) in den gemäßigten Breiten verlässlich für Niederschlag. Wenn kalte Luft von der Arktis und warme Luft vom Äquator in etwa zehn Kilometer Höhe aufeinandertreffen, entsteht ein starker und ungewöhnlich stabiler Luftstrom, der wie ein Förderband Windsysteme und Tiefdruckgebiete von West nach Ost zieht. Aber auch der Strahlstrom ist ein Kippelement. Weil das arktische und grönländische Eis schmilzt, werden die Höhenwinde schwächer und unzuverlässiger. Stationäre Wetterlagen nehmen zu, es kommt zu wochenlang anhaltender Hitze und Dürre. Die Kippelemente wackeln bereits unübersehbar. *Natura facit saltus:* manchmal *macht* die Natur Sprünge. Wie stürzende Dominosteine in einer Reihe einander umwerfen, so könnte das Ausfallen eines Kippelements eine Kaskade auslösen, die sich nicht aufhalten lässt. Dieser Prozess könnte der menschlichen Zivilisation (und selbst der Menschheit als Gattung) das Ende bereiten.

## »Nun seid doch mal vernünftig!«

»Wir müssen uns in der Klimadebatte davor hüten, uns in einen permanenten Erregungszustand hineinzusteigern, denn das vernebelt den Verstand«, warnte der CDU-Abgeordnete Wolfgang Schäuble im Dezember 2019. »Wir stehen nicht unmittelbar vor dem Abgrund, wir sollten uns von niemandem ins Bockshorn jagen lassen.« »Ich bin für Realitätssinn«, erklärte der FDP-Vorsitzende Christian Lindner im März 2019. »Von Kindern und Jugendlichen kann man nicht erwarten, dass sie bereits alle globalen Zusammenhänge, das technisch Sinnvolle und das ökonomisch Machbare sehen.«

So äußern sich Politiker*innen gerne: beruhigend, abwägend, mit Maß und Mitte. »Nichts überstürzen!«, soll das heißen. »Wir haben die Lage im Griff, wir kümmern uns schon darum. Irgendetwas wird uns einfallen.« In Wirklichkeit suchen sie nur nach einem Mittelweg zwischen dem, was ist, und dem, was sein darf. Die Klimabewegung hat die Fakten, die Theorie und die überwältigende

Mehrheit der Wissenschaftler*innen auf ihrer Seite. »Um einen Anstieg der globalen durchschnittlichen Temperatur um über zwei Grad Celsius zu verhindern, muss die Kohlendioxid-Konzentration in der Atmosphäre auf maximal 400 ppm und das Kohlendioxid-Äquivalent aller THG (zum Beispiel Methan) zusammengenommen auf maximal 490 ppm stabilisiert werden.«[8]

Die $CO_2$-Konzentration lag 2020 bei etwa 413 ppm. Das *Intergovernmental Panel on Climate Change* (IPCC)[*] geht davon aus, dass noch etwa 800 Milliarden Tonnen $CO_2$ in die Atmosphäre gelangen dürfen, um unter der Schwelle von zwei Grad Celsius zu bleiben.[9] Die Menschheit muss den Ausstoß von THG spätestens in 20 Jahren vollständig beenden, um dieses Ziel zu erreichen, oder wenigstens die Emissionen durch zusätzliche Kohlenstoffeinlagerung vollständig ausgleichen (»Klimaneutralität«). Das bedeutet: Keine Feuerstelle mehr in einer Lehmhütte. Kein Motorroller mehr für den Weg zur Arbeit. Kein Hightech-Gasgrill im Garten. Keine Urlaubsreise mit dem Flugzeug. Kein Strom mehr, der mit fossilen Brennstoffen hergestellt wird. Kein Stahl, kein Zement, kein Stickstoffdünger, bei deren Herstellung große Mengen Kohlendioxid freigesetzt werden.

Selbst Berufsoptimisten und Schönredner behaupten nicht ernsthaft, die weltweite Klimaneutralität sei innerhalb von zwei Jahrzehnten erreichbar, ohne Produktion und Konsum völlig umzugestalten. Die Zeit wird immer knapper. Aber das Gegenteil geschieht, der THG-Ausstoß steigt weiter an. Weltweit betrugen die $CO_2$-Emissionen im Jahr 2019 ungefähr 37 Milliarden Tonnen. Im Vergleich zur Jahresmenge Mitte der 1980er Jahre haben sie sich verdoppelt, im Vergleich zu den frühen 1960er Jahren sogar fast vervierfacht. Die Pariser Klimaübereinkommen samt dem sogenannten 1,5-Grad-Ziel sind nur noch Makulatur: wertloses bedrucktes Papier.

---

* Dieses Gremium der Vereinten Nationen, oft auch als Weltklimarat bezeichnet, fasst den wissenschaftlichen Forschungsstand zusammen.

## Klimadiplomatie: ein riskantes Spiel mit der Zukunft

Die »repräsentativen Konzentrationspfade« des IPCC bilden die Treibhausgas-Emissionen und ihre klimatischen Folgen ab. Sie beruhen auf Schätzungen und Modellrechnungen. »Es bleibt ein Budget von ungefähr 420 Gigatonnen $CO_2$ für eine Zweidrittel-Wahrscheinlichkeit, um die Erwärmung bis zum Jahr 2100 auf 1,5 Grad Celsius zu beschränken, und 580 Gigatonnen für eine Fifty-Fifty-Chance«, heißt es im IPCC-Sonderbericht von 2018.[10] Über solche Aussagen lässt sich lange und ergebnislos brüten: Sollen wir es darauf ankommen lassen und sozusagen eine Münze werfen?

Klimapolitik hantiert notwendigerweise mit Wahrscheinlichkeiten. Darauf verweisen auch die Klimaleugner und Abwiegler. Weil die Berechnungen der Wissenschaftler unsicher seien, sei es fahrlässig, »die Wirtschaft abzuwürgen«. Aber die Wahrscheinlichkeit katastrophaler Klimaänderungen ist nicht »normalverteilt«. Graphisch dargestellt bildet sie keine Glockenkurve, sondern die Wahrscheinlichkeit steigt bis zu einem Extremwert an – also dem wahrscheinlichsten Ergebnis – und sinkt dann nur langsam und widerwillig. Auch innerhalb des vermeintlichen sicheren $CO_2$-Budgets besteht immer noch eine zehnprozentige Wahrscheinlichkeit eines Temperaturanstiegs von fünf oder sechs Grad Celsius. Die Menschheit wäre nicht einmal auf der sicheren Seite, wenn sie das verbliebene $CO_2$-Budget nicht vollständig ausschöpft. Wegen der chaotischen Dynamik des Erdsystems – auch kleine Einflüsse können große Veränderungen auslösen – wäre es möglich, dass eine Kaskade von Klimaelementen kippt.

»Der gesunde Menschenverstand sagt uns, dass die Klimapolitik unwahrscheinliche Ereignisse mit extremen Auswirkungen berücksichtigen sollte,« argumentiert der US-amerikanische Mathematiker Martin Weitzman.[11] Er hat ausgerechnet, dass das Risiko für einen Temperaturanstieg von 12 Grad Celsius immer noch ein Prozent beträgt, wenn die Emissionen der Treibhausgase weiterhin nicht sinken (*Current Policies Scenario*).[12] Einer von hundert, das ist nicht viel. Welche Wahrscheinlichkeit wäre akzeptabel? Würden wir uns in ein Flugzeug setzen, wenn wir wüssten, dass jeder hundertste Flieger abstürzt und niemand überlebt? Würden wir *alle Menschen* in dieses Flugzeug einsteigen lassen?

Dass der weitere Verlauf der Klimakrise unsicher ist, spricht gerade nicht für Untätigkeit, sondern im Gegenteil dafür, alles zu tun, um sie zu entschärfen. »Gerade weil die Gemeinschaft der Wissenschaft solche katastrophalen Konsequenzen nicht ausschließen kann, macht sie sich für eine Politik der Abmilderung stark«, erklärte der Physiker und Klimawissenschaftler Stephen Schneider bereits vor fast zwei Jahrzehnten.

## Die internationale Klimadiplomatie hat versagt

Seit fast fünf Jahrzehnten sind sich die einschlägigen Naturwissenschaftler*innen einig, dass der anthropogene Treibhauseffekt zum Problem wird. Seit fast drei Jahrzehnten verhandeln die Regierungen, wie ihm entgegenzuwirken sei. Seitdem sind die jährlichen $CO_2$-Emissionen von 22,4 auf 36,8 Milliarden Tonnen (im Jahr 2019) gestiegen.[13] Nur viermal seit 1990 brachte das nächste Jahr keine neue Rekordmenge. Ausgelöst wurden diese Rückgänge nicht etwa durch Klimaschutz, sondern durch Wirtschaftskrisen. Nach dem Zusammenbruch der Sowjetunion und des realsozialistischen Rates für gegenseitige Wirtschaftshilfe (RGW) sanken die $CO_2$-Emissionen im Jahr 1992 um 0,45 Prozent. Die Finanzkrise 2008 brachte eine globale Rezession und damit weniger Treibhausgase, ebenso die Coronavirus-Pandemie im Jahr 2020. Bisher wurde nach diesen Rückgängen das vorherige Niveau jedes Mal übertroffen.

Die Internationale Energieagentur (IEA) veröffentlicht jedes Jahr ihren »World Energy Outlook«, einen zusammenfassenden Bericht über das globale Energiesystem. In der Ausgabe von 2019 werden drei Zukunftsszenarien präsentiert. Im ersten Szenario kommt es zu einer »nachhaltigen Entwicklung«, durch die der Temperaturanstieg auf 1,8 Grad Celsius begrenzt wird. Dazu müsste der $CO_2$-Ausstoß sofort sinken und bis zum Jahr 2070 vollständig durch zusätzliche Kohlenstoffeinlagerung (»negative Emissionen«) ausgeglichen werden.* Als zweite Möglichkeit nennen die Autor*innen das *Stated Policies Scenario*, frei übersetzt das »Angekündigte Maßnahmen-Szenario«: Wenn die Regierungen ihre bisherigen Versprechen einhalten, wird die globale Durchschnittstemperatur um katastrophale 3 Grad Celsius ansteigen. Wenn sie ihre Zusicherungen nicht einhalten und weiter untätig bleiben – das *Current Policies Scenario* – wird der Anstieg 3,5 Grad Celsius betragen.

Die internationale Klimadiplomatie unter dem Dach der Vereinten Nationen hat versagt. Die Schwellenländer China, Indien und Brasilien sind für einen wachsenden Anteil der Emissionen verantwortlich, auch weil sie Energie vor allem mit Kohleverbrennung gewinnen. Allerdings verweisen sie darauf, dass Europa und Nordamerika für die gegenwärtige Konzentration der THG verantwortlich sind: Die Macht und der Reichtum der alten Industriestaaten wurde mit Kohle und Öl aufgebaut. Historisch betrachtet verantworteten die USA und die Länder der Europäischen Union jeweils ungefähr ein Viertel der $CO_2$-Emissionen zwischen 1900 und 2017, China dagegen nur ein Achtel und Indien sogar nur 3 Prozent. Die ärmsten Staaten der Welt tragen am wenigsten zur Klimakrise bei und erleiden ihre schlimmsten Folgen. Für einige Küsten- und Inselstaaten – darunter Papua-Neuguinea, Jamaika oder Bangladesch – geht es buchstäblich wegen des steigenden Meeresspiegels ums Überleben. Aber die neuen und die alten Industriestaaten wollen in erster Linie Zeit gewinnen und sich einen möglichst großen Anteil der »erlaubten Emissionen« sichern.

Seit 2010 verharren die Emissionen in den USA auf ungefähr gleichem Niveau, während sie in Indien und vor allem in China weiter steigen. In der Europäischen Union sind die jährlichen Emissionen im letzten Jahrzehnt gefallen. Dieser Rückgang ver-

---

* Zu diesem Zweck müssen laut IEA 87 Prozent der bekannten Kohlevorkommen, 42 Prozent des Erdöls und 26 Prozent des Erdgases im Boden bleiben.

dankt sich fast ausschließlich dem Energiesektor, der weniger $CO_2$ freisetzte. Bedeutet das, dass die Chinesen »Klimasünder« sind, die US-Amerikaner nicht ganz so schlimm und die Europäer bereits auf dem Weg der Besserung? Solche Vergleiche dürfen nicht mit der Rangliste in einer Klimaschutz-Weltmeisterschaft verwechselt werden. Denn erstens lassen sie außer Acht, auf wie viele Menschen sich der jährliche Ausstoß verteilt. Die $CO_2$-Emmissionen in China sind zwar insgesamt mehr als doppelt so hoch wie in den USA, aber pro Einwohner nicht einmal halb so hoch (2018: 7,95 versus 16,14 Tonnen pro Person). Zweitens berücksichtigen diese Vergleiche nicht den langfristigen Beitrag zur heutigen Konzentration in der Atmosphäre. Drittens macht es einen großen Unterschied, ob Produktion oder Konsum betrachtet wird. Ein großer Teil der asiatischen Emissionen entsteht bei der Herstellung von Exportwaren für den europäischen und nordamerikanischen Markt. Wird der Welthandel berücksichtigt, zeigt sich, dass fast ein Fünftel der chinesischen Treibhausgase auf den Export zurückgeht – und die Werkbank der Welt wird immer noch mit fossilen Brennstoffen angetrieben.

In der internationalen Arbeitsteilung kann sich ein Land seine Stellung nicht aussuchen. Manche stellen vor allem Rohstoffe und bestimmte Agrargüter her, andere industrielle Vorprodukte und wieder andere hochwertige Endprodukte. China ist die Fabrikhalle der Welt, der Nahe Osten die globale Tankstelle, Vietnam und die Türkei die Müllkippe für Plastikmüll. Diese Arbeitsteilung ist nicht selbstgewählt, nicht gerecht und nur schwer zu beeinflussen. Alle Länder wollen an die Spitze der Wertschöpfungskette, aber nur wenigen gelingt es.

Die Klimakrise ist ein planetares Problem, bekanntlich verfügt keine Nation über eine eigene Troposphäre. Leider ist für solche Probleme niemand wirklich zuständig. Am Verhandlungstisch sitzen Konkurrenten. Wer seinen Ausstoß der THG senkt, solange fossile Energie die günstigste ist, handelt sich einen Nachteil ein. Dabei geht es nicht nur um rein ökonomische Interessen, eine sichere Energieversorgung (und der Einfluss auf die Versorgung anderer Staaten) bedeutet geopolitische Macht. Insofern sind eigentlich gerade Nationalregierungen nicht dazu geeignet, ein planetares Problem wie die Klimakrise zu lösen. Mit selten anzutreffender Offenheit erklärten Vertreter der japanischen Regierung im Jahr 2010, man werde das Kyoto-Protokoll nicht unterzeichnen, weil es die wirtschaftlichen Konkurrenten des Landes, China, Indien und Indonesien, nicht erfasse. »Der Klimawandel ist kein normales Umweltproblem, sondern ein wirtschaftliches Problem«, sagte Todd Stern, der Verhandlungsführer unter den US-Präsidenten Clinton und Obama. »Er betrifft jeden Aspekt der Ökonomie eines Staates. Regierungen fühlen sich unbehaglich, weil es dabei um Wachstum und Entwicklung geht. Es berührt Kerninteressen.«[14]

## Das Wirtschaftswachstum erlahmt

Zum ersten Mal seit 1998 gingen die $CO_2$-Emissionen zurück, als 2007 die sogenannte Große Rezession einsetzte. Der internationale Handel schrumpfte, die Rohstoffpreise fielen und die Arbeitslosigkeit stieg. Die Regierungen reagierten auf die Krise mit Stützungskäufen für Banken und Betriebe sowie Konjunkturprogrammen in historisch beispiellosem Umfang. In der Folgezeit hielt vor allem China mit jährlichen Wachstumsraten zwischen 6 und 10 Prozent die Weltwirtschaft am Laufen. Dynamisch entwickelten sich außerdem die Türkei, Indien und Argentinien und einige andere Länder im Globalen Süden.

Europa und Nordamerika überwanden zwar die Rezession, erreichten aber im Mittelwert nicht mehr das Wachstumsniveau von vor der Krise. Die Kehrseite dieses Wachstums besteht in einer anhaltenden und wachsenden Verschuldung.* Die Zentralbanken in

* Schätzungen zufolge sind die Schulden insgesamt (Private, Unternehmen, Staat) auf 253 Billionen US-Dollar gestiegen. Von 2006 bis 2019 haben sie sich etwa verdoppelt. Das Verhältnis von Schulden zum Bruttoweltprodukt wurde 2019 auf 322 Prozent geschätzt. Durch die Konjunkturmaßnahmen aufgrund der Covid-19-Pandemie im Jahr 2020 wurde das Staatsschuldengebirge abermals größer.

Europa und Nordamerika kauften Unternehmensaktien auf und senkten die Leitzinsen, um Kredite zu verbilligen und das Wirtschaftswachstum wieder anzufachen. 2016 versuchte die amerikanische *Federal Reserve*, den Leitzins stufenweise anzuheben, um zu dem geldpolitischen »Normalzustand« zurückzukehren, bei dem Zinsen parallel zur Konjunktur schwankten. Als der Leitsatz 2,5 Prozentpunkte erreichte, brach das Wachstum wieder ein, und die Zentralbank ruderte kräftig zurück. Bis zum März 2020 war der Satz wieder auf 0,25 Prozent gefallen. Instabile Finanzmärkte und eine historisch beispiellose Staatsverschuldung zeugen davon, dass wir uns in einer Strukturkrise befinden. Die langfristigen Staatsanleihen einiger Länder wie Deutschland oder der Schweiz notieren negativ. Die Käufer*innen bezahlen dafür, ihr Vermögen nach einem gewissen Zeitraum mit einem Abschlag zurückzubekommen, nach dem Motto »Weniger als vorher, aber immerhin«.

Seit der Großen Rezession ist oft die Rede vom *new normal*, einer neuen Normalität, in der die alten Regeln nicht mehr gelten. Aber welche stattdessen? Das Schwanken der Konjunktur im etwa vierjährigen Rhythmus wird abgelöst von einer staatlichen Kreditfinanzierung auf Dauer. Investitionsraten gehen zurück, die Sparquote ist hoch, aber die Schulden auch, die Realzinsen (das heißt unter Berücksichtigung der Inflation) sind dauerhaft niedrig oder sogar negativ. Die Versuche, sich aus der Subventionierung der Märkte zurückzuziehen, scheitern. Bewährte Rezepte bleiben wirkungslos, so der Versuch, die Schuldenmenge durch eine höhere Inflation zu verringern (»Reflation«). Die Bauernregeln der Volkswirtschaftslehre treffen die Entwicklung immer schlechter.

Larry Summers, ein ehemaliger Funktionär der Weltbank und Finanzminister unter US-Präsident Bill Clinton, drückte in einer Rede vor dem Weltwährungsfonds 2013 Zweifel aus, ob sich mit dem Drehen an der Zinsschraube die Wirtschaft beleben lasse. Möglicherweise trete die Weltwirtschaft in eine Phase lang anhaltender »säkularer Stagnation« ein. Der liberale Ökonom Paul Krugman hatte bereits zwei Jahre zuvor diesen Begriff in die Debatte geworfen. Summers Rede ist bemerkenswert, weil er zum Machtzentrum von Wirtschaftswissenschaft und Politik gehört. Ganz allmählich greift dort die Ahnung um sich, die Zeiten verlässlichen Wirtschaftswachstums könnten zu Ende gehen.

Die ökonomischen Wachstumskräfte im Globalen Norden scheinen sich langfristig erschöpft zu haben. In den Gründungsstaaten der Europäischen Union (Belgien, Deutschland, Frankreich, Italien, Luxemburg und die Niederlande) wuchs das Bruttoinlandsprodukt pro Kopf in den 1960er Jahren durchschnittlich um 4,2 Prozent. In den 1970er Jahren waren es noch 2,9 Prozent, in den 1980er Jahren 2,1 Prozent, in den 1990ern 1,2 Prozent und in den 2000ern nur noch 0,6 Prozent.*

Volkswirtschaften wachsen durch größeren Input: Kinder werden geboren, mehr menschliche Arbeit wird geleistet, mehr Kapital (im Sinne von Maschinen oder Gebäuden) und mehr Energie eingesetzt, größere Flächen landwirtschaftlich werden bestellt. Volkswirtschaften wachsen aber auch durch die geschickte Kombination dieser Faktoren, sozusagen qualitativ statt nur quantitativ. Solche Effizienzgewinne nennt die Wirtschaftswissenschaft »totale Faktorproduktivität«. Viele Ökonom*innen führen sie auf den technischen Fortschritt zurück, den sie ohnehin als das wesentliche, oft als das einzige dynamische Element begreifen. Die totale Faktorproduktivität drückt sozusagen den Rationalisierungserfolg aus. Dass die Wachstumskräfte schwinden, zeigt sich auch an dieser etwas rätselhaften Variable in der Wachstumsfunktion. Der jährliche Zuwachs lag in Deutschland 1991 noch bei 1,6 Prozent und fiel bis zum Jahr 2011 auf 0,5 Prozent und hält sich seitdem ungefähr auf diesem Niveau. In den Jahrzehnten seit 1970 geht die Produktivitätssteigerung in Deutschland, Frankreich und Italien zurück, ebenso in Japan und

* Dieser Trend gilt auch für die Bundesrepublik Deutschland, die allerdings in den 2000er Jahren mit durchschnittlich einem Prozent über dem Durchschnitt lag. In den USA ist das Bild etwas weniger eindeutig, weil die dortigen Wachstumsraten (im zehnjährigen Mittel) in den 1990er Jahren etwas anzogen, ab der Jahrtausendwende allerdings ebenfalls zurückgingen.

Großbritannien, wo die Produktivität zeitweise sogar schrumpfte. In Kanada und den USA gehen die Zuwächse seit der Jahrtausendwende zurück. »Die besten Jahre des Wirtschaftswachstums liegen hinter uns«, folgert der US-amerikanische Ökonom Robert Gordon. Seine sehr langfristigen Untersuchungen zeigen, dass die Wirtschaft in den Vereinigten Staaten bis Mitte des 19. Jahrhunderts kaum wuchs und dann Fahrt aufnahm.[15] Das Wachstum erreichte einen Höhepunkt in den 1940er und 1950er Jahren und fällt seitdem.

Der Ausstieg aus der fossilen Energie würde die ökonomische Stagnation unweigerlich verschärfen. Weil die Gewinne sinken und neue Märkte nicht in Sicht sind, halten Konzerne und Regierungen an Erdöl und Erdgas fest. Kapitalistische Gesellschaften brauchen nun einmal Wachstum wie ein Süchtiger Heroin, und eine entschlossene Dekarbonisierung entspräche dem kalten Entzug. So erklärt sich die Blockade in der Klimapolitik.

Im Jahr 2018 entstanden in China etwa 30 Prozent der globalen $CO_2$-Emissionen, in den USA etwa 14 Prozent. Auf Platz 3 der Rangliste liegt die EU (10 Prozent), gefolgt von Indien (7 Prozent). Die Weltmächte sind gleichzeitig die großen Emittenten. Sie müssten sich verbindlich auf einen Pfad für die Dekarbonisierung einigen. Die Volksrepublik China kündigte im Herbst 2020 an, sie werde noch vor Ende des Jahrzehnts den Höhepunkt der $CO_2$-Emissionen erreichen und bis 2060 klimaneutral werden. Die USA werden wieder an den Verhandlungen unter dem Dach der Vereinten Nationen teilnehmen.

Dass sich die führenden Machtblöcke einigen, ist nicht ausgeschlossen – wir befinden uns immerhin in einer neuen geschichtlichen Situation –, aber wahrscheinlich ist es nicht. Denn das bisherige Versagen der Klimadiplomatie ist nur ein Beispiel für die anhaltende Schwäche des Multilateralismus. Die Staaten sind wegen der verschärften Weltmarktkonkurrenz immer weniger in der Lage zu einem kollektiven Interessensausgleich. Ohne Wachstum verwandelt sich die Auseinandersetzung in einen rücksichtslosen Kampf um Marktanteile und geopolitischen Einfluss, in ein Nullsummenspiel: Was der eine bekommt, muss dem anderen genommen werden. Dabei steht die eigentliche Belastungsprobe noch aus. Wenn die Arbeitslosigkeit bedrohlich steigt oder soziale Unruhen ausbrechen, werden die guten Vorsätze für die zukünftige Klimaneutralität fallen.

## Überforderte Anpassungsfähigkeit

Mit der Klimakrise verwoben sind weitere ökologische Verwerfungen. Wälder und Graslandschaften werden durch Brände und Dürren dezimiert. Bodenerosion und Versteppung nehmen zu, landwirtschaftliche Flächen gehen verloren. Ausgetrocknete und übermäßig beanspruchte Böden werden weggespült oder verweht (Erosion). Aber fruchtbarer Boden ist eine endliche Ressource, und die Ernährungs- und Landwirtschaftsorganisation der Vereinten Nationen (FOA) geht davon aus, dass ungefähr ein Drittel der landwirtschaftlich nutzbaren Fläche moderat bis stark von Bodendegradation betroffen ist.[16]

Der Temperaturanstieg überfordert die Anpassungsfähigkeit vieler Pflanzen und Tiere. Schätzungen besagen, dass ungefähr ein Viertel der Säugetierarten, ein Fünftel der Vogelarten und fast die Hälfte der Amphibien in ihrer Existenz bedroht sind (Biodiversitätskrise). Wegen der sinkenden Artenvielfalt werden Ökosysteme weniger widerstandsfähig und Ökosystemleistungen schwächer. Artensterben und Klimawandel sind auch in den Ozeanen miteinander verbunden. Die Meere versauern zunehmend (steigender pH-Wert), weil sie mehr Kohlendioxid aus der Atmosphäre aufnehmen.

Die globalen Wasserkreisläufe verändern sich. Niederschläge gehen zurück, während gleichzeitig die Verdunstung steigt. Die Wasservorräte werden knapper wegen der Verstädterung, der Abholzung von Wäldern und der künstlichen Bewässerung in der Landwirtschaft, die wiederum aufgrund der sinkenden Niederschläge um sich greift. »Die Wasserressourcen der Welt sind derzeit der stärksten Bedrohung in der Geschichte der Menschheit ausgesetzt«, heißt es in einer Erklärung von über hundert Fachgesellschaften für Wasser- und Meeresforschung vom Herbst 2020. Die Wissenschaftler*innen betonen das destruktive Zusammenspiel von Klimawandel und anderen »Stressoren wie der erhöhte Nährstoffeintrag, Überfischung und neue invasive Arten« und »neuen und sich wiederholenden Krankheitsausbrüchen bei Meerestieren und -pflanzen«.[17]

Diese deprimierende, aber keineswegs vollständige Aufzählung legt nahe, dass die Menschheit ungebremst aufs Chaos zusteuert. Laut einer Studie der Forschungsabteilung der Unternehmensberatung *McKinsey* hängt das Ausmaß vieler Klimafolgen davon ab, ob bestimmte Schwellenwerte überschritten werden.[18] Umwelträume, Pflanzen und Tiere können sich zwar an höhere Temperaturen anpassen, aber eben nur bis zu einem gewissen Grad. Dies gilt auch für menschliche Körper. Etwa 30 Prozent der Weltbevölkerung sind bereits jetzt zeitweise von extremer Hitze (über 35 Grad Celsius) betroffen.

Mit den höheren Durchschnittstemperaturen steigt die Wahrscheinlichkeit für tödliche Hitzewellen im Verbund mit hoher Luftfeuchtigkeit. Diese Feuchtigkeit verhindert das Schwitzen und führt zu einer Überhitzung. Auch gesunde Erwachsene überleben unter solchen Umständen nur wenige Stunden, wobei Mediziner von einem ruhenden Körper im Schatten ausgehen. Diese klimatischen Situationen werden häufiger. Besonders betroffen werden voraussichtlich Städte in Indien und Pakistan sein. Eine andere Untersuchung ermittelte auf Grundlage der Messungen seit 1979, dass diese feucht-heißen Situationen sehr kleinräumig auftreten und bereits häufiger auftreten, vor allem an der Küste des Persischen Golfs und in Flusstälern in Indien und Pakistan.[19]

Auch sogenannte tropische Nächte mit Minimaltemperaturen von 20 Grad Celsius nehmen zu, besonders im Nahen Osten und Nordafrika. Laut einer Untersuchung am Max-Planck-Institut für

Chemie dauern Hitzewellen länger.[20] Die Zahl der sehr heißen Tage werde bis Mitte des Jahrhunderts von 16 auf über 80 steigen. »Das Klima in weiten Teilen des Orients könnte sich in den kommenden Jahrzehnten so verändern, dass es geradezu lebensfeindlich wird«, sagte Jos Lelieveld bei der Vorstellung der Studie. »Langandauernde Hitzewellen und Sandstürme werden viele Gebiete unbewohnbar machen, was sicher zum Migrationsdruck beitragen wird.«

## Agrarkrisen und Völkerwanderungen

Der IPCC-Bericht von 2019 geht davon aus, dass bei einer durchschnittlichen Erwärmung von 2 Grad Celsius im Jahr 2050 220 Millionen Menschen unter »Wasserstress, Dürreintensität und Lebensraumschädigung« leiden werden. Laut einer Prognose der Weltbank werden in Lateinamerika, Südasien und Subsahara-Afrika 140 Millionen Menschen zur Migration gezwungen, weil in ihren Herkunftsregionen zu wenig Wasser verfügbar ist, Landwirtschaft unrentabel wird oder der Meeresanstieg und verstärkte Stürme die Bevölkerung bedrohen.[21]

Der Klimawandel wird viele Millionen Menschen vertreiben. Aus Sicht der Eliten handelt es sich um ein Sicherheitsproblem. Das US-Verteidigungsministerium nennt die Klimakrise einen »Beschleuniger von Instabilität«. »Ganze Staaten und Regionen werden durch die Folge klimatischer Veränderungen sozial destabilisiert werden«, erklärt Carlo Masala, Professor für Internationale Politik an der Universität der Bundeswehr München. »Dies wird eine direkte Auswirkung auf Europa haben durch Migration in die nächstgelegenen Wohlstandsgebiete, Terrorismus oder halt ›einfach nur‹ durch humanitäre Katastrophen infolge von Bürgerkriegen.«[22]

Die Entscheidung, die Heimat zu verlassen, ist keine unmittelbare Folge steigender Temperaturen. Dennoch sind viele Probleme, Wünsche und Bedürfnisse, die zur Migration treiben, direkt oder indirekt mit der Erderhitzung verbunden. Sie verbindet sich mit der

Ungleichheit zwischen Süd und Nord, einer abkühlenden Weltkonjunktur, der Perspektivlosigkeit und Unzufriedenheit vieler Menschen, die den Eliten ihrer Heimatländer alles Mögliche, aber keine angemessene Reaktion auf die Krise zutrauen.

Der Klimawandel verknappt natürliche Ressourcen und verschärft dadurch Verteilungskonflikte, die zu militärischen Auseinandersetzungen und Bürgerkriegen eskalieren können. Der Arabische Frühling wurde auch von steigenden Preisen für Grundnahrungsmittel angefacht. In Syrien ließen Dürre und Wasserknappheit zwischen 2007 bis 2010 Teile der Landbevölkerung verarmen und trieben sie zu einer massenhaften Abwanderung in die Städte. Diese Bevölkerungsgruppe trug dann 2011 wesentlich zu den Protesten gegen die Regierung unter Baschar al-Assad bei.[23] Der syrische Bürgerkrieg wurde natürlich nicht vom Klimawandel »ausgelöst«, dennoch trug die Agrarkrise zur Unzufriedenheit und Delegitimierung des Regimes bei, das keine ausreichenden Maßnahmen ergriff, um der Landbevölkerung zu helfen und insbesondere bei der Wasserrationierung versagte.

In vielen Ländern überfordern die klimatischen Veränderungen die Infrastruktur für die Strom- und Wasserversorgung. Im Irak kam es in den Sommermonaten von 2018 bis 2020 zu teils aufstandsartigen Protesten. Sie richteten sich gegen die Arbeitslosigkeit und Korruption in den Behörden, der unmittelbare Auslöser waren aber wiederholte und ausgedehnte Stromausfälle mitten in einer Hitzewelle, wegen der die Klimaanlagen und Ventilatoren ausfielen.

Eine Schlüsselrolle für die weitere Entwicklung wird die globale Landwirtschaft spielen. Die Klimakrise betrifft die Weltregionen auf unterschiedliche Weise. Um das Mittelmeer herum, in Subsahara-Afrika und in Mittel- und Südafrika wird es häufiger zu Dürren kommen. Laut der erwähnten Studie von *McKinsey Global* verlängern sich die Dürrezeiten. Die verfügbare Menge frischen Wassers nimmt an manchen Orten ab (vermutlich in Südafrika und Australien), in anderen zu (vermutlich in Äthiopien und Teilen von Südamerika). Drastische Rückgänge des Oberflächenwassers werden auch für Mexiko und die USA erwartet, Länder mit bisher extrem produktiven Agrarsektoren.

Die größte Herausforderung sind die stärkeren Schwankungen bei Temperaturen, Niederschlagsmengen, Windstärken und Sonnenstrahlung. Die Böden leiden unter Erosion und resistenten Schädlingen. Besonders in den gemäßigten und nördlichen Breiten können sich die Mikroorganismen in der Erde nicht schnell genug anpassen, weshalb Pflanzenkrankheiten zunehmen. Die Landwirte werden sich an diese Bedingungen anpassen müssen, mit neuen Pflanzen und Anbaumethoden. Welche das sein werden, ist völlig unklar.

Ernteeinbußen zeigen sich bisher nur bei einzelnen Agrarrohstoffen, etwa bei Kaffee, Bananen, Orangen und Haselnüssen, in Afrika auch in der Viehzucht. In Regionen nahe am Äquator sinken die Erträge von Mais und Weizen, während in Regionen in höheren Breiten bessere Ernten eingebracht wurden. Die Preise für Agrarrohstoffe werden maßgeblich auf dem Weltmarkt gebildet. Die globale Verteilung federt lokale Ertragseinbrüche ab, außerdem wird die Anbaufläche immer noch ausgeweitet.

Dennoch schlägt die Klima-/Bodenkrise bereits vereinzelt auf die Preise durch. Im Frühjahr 2020 kosteten Tomaten in Ostafrika ein Vielfaches, in Kenia beispielsweise statt 5 kenianische Cent 25 oder sogar 35 Cent. Ungewöhnlich starke Regenfälle im Dezember 2019 und Januar 2020 hatten zu einer Missernte geführt. Im Spätsommer 2020 warnte der Bauernverband von England und Wales vor Preissteigerungen bei Mehl und Brot. Zu diesem Zeitpunkt kostete Mehl bereits zehn Prozent mehr als im Vorjahr. Die Weizenernte lag schockierende 40 Prozent unter dem langjährigen Durchschnitt. Die Ursachen waren zu viele Niederschläge im Herbst und Winter 2019, Stürme und Überschwemmungen im Frühjahr 2020, gefolgt von einer Dürre. Im Winter 2020/21 erreichten die durchschnittlichen Lebensmittelpreise laut FAO den höchsten Stand seit 2014. Wegen der Trockenheit fiel die Weizen- und Maisernte schlecht aus, sodass die großen Produzenten Russland, Brasilien und Argentinien die Ausfuhren beschränkten. Der Preis für Soja stieg auf den höchsten Stand seit 2010.

Solche Entwicklungen sind ein Vorgeschmack auf eine kommende Agrarkrise. »Zukünftig wird der Klimawandel immer stärker die Verfügbarkeit, Qualität und den Preis von Lebensmitteln beeinflussen – und somit auch unseren Alltag«, heißt es in einer Analyse des WWF.[24] Den Globalen Süden wird diese Entwicklung härter und unmittelbarer treffen als den Norden. Dort machen Lebensmittelkosten bis zu vier Fünftel der Haushaltsausgaben aus, in Europa durchschnittlich nur ein Fünftel.* Aber auch hierzulande tun Preissteigerungen den ärmeren Schichten weh. Die erodierende Bodenfruchtbarkeit gehört bereits jetzt zu den »Gegenwinden« (Robert Gordon), die das globale Wirtschaftswachstum verlangsamen.

## In der Zange

All das verdichtet sich zu einem düsteren Szenario. »Es geht darum, dass große Städte einfach verschwinden werden. Dass ganze Länder überspült werden. Es geht um massive Ernteausfälle«, schreibt Naomi Klein.[25] Die Klimakrise verstärkt die Abwanderung ehemaliger Bauern in die Städte, zerstört Dörfer und Landschaften und treibt noch mehr Menschen zur Flucht. Mittelfristig werden die Lebensmittelpreise steigen, auch wenn die jeweiligen Machthaber sich gegen höhere Brotpreise stemmen werden, um keine Rebellionen auszulösen. Konflikte um Energieträger und andere Bodenschätze werden zunehmen. Kriege könnten den zu befürchtenden Zivilisationsprozess im Rückwärtsgang beschleunigen, ein schubweises Abgleiten in die Barbarei. Es drohen eine Fragmentierung des Weltmarktes und das Abkoppeln großer Regionen, die gleichsam sich

* Im Globalen Norden beeinflussen außerdem die Kosten von Agrarrohstoffen den Endpreis weniger stark als im Süden.

selbst überlassen bleiben. Metropolen werden zu Festungen ausgebaut, die sich mit aller Gewalt gegen Migrant*innen abschotten. Gleichzeitig bleiben sie auf Energie- und Warenimporte angewiesen, die möglicherweise den Charakter militärisch abgesicherter Raubzüge annehmen.

Manchen vernunftbegabten Vertretern des Bürgertums sind diese Aussichten bewusst. Kollektiv handelt es dennoch so, wie es der Geograph Jared Diamond beschreibt: »Es gibt regelmäßig Ärger, wenn das kurzfristige Interesse der Eliten, die die Entscheidungen treffen, mit dem langfristigen Interesse der Gesellschaft nicht übereinstimmt, wodurch ein Kollaps wahrscheinlich wird. Ganz besonders, wenn die Eliten sich von den Folgen ihrer Handlungen abschirmen können.«[26] Dass sie ihr Sicherheitsgefühl betrogen hat, finden sie heraus, wenn es zu spät ist.

# 3.
# Wie der Kapitalismus sich in eine Sackgasse manövriert hat

Vor gut drei Jahrzehnten sagte James Edward Hansen, ein renommierter Klimawissenschaftler und Mitarbeiter der NASA, bei einer Anhörung des US-Kongresses: »Mit einer Sicherheit von 99 Prozent steht der Temperaturanstieg für einen echten Trend.« Diese Entwicklung werde durch die steigende Konzentration der Treibhausgase in der Atmosphäre ausgelöst. »Es ist an der Zeit, nicht mehr so viel zu schwafeln!« Der Weltklimarat kam 1988 zum ersten Mal zusammen. Im selben Jahr fand die erste internationale Regierungskonferenz zum Thema statt. Der Klimawandel »ließ sich nicht mehr plausibel abstreiten«, schreibt Naomi Klein.[27]

Etwa zur gleichen Zeit formulierten der Internationale Währungsfonds und die Weltbank den sogenannten Washington-Konsens, der die Welt auf den Abbau von Handelsschranken, Haushaltskürzungen, Privatisierung und Deregulierung verpflichtete. 1988 schlossen die USA und Kanada ein Freihandelsabkommen. 1992 entstand mit der Europäischen Union eine weitere große Freihandelszone. Der Realsozialismus und der RGW brachen zusammen, was der US-amerikanische Politologe Francis Fukuyama als »Ende der Geschichte« interpretierte: Mit dem weltweiten Sieg der liberalen Demokratie sei das Ziel der menschlichen Entwicklung erreicht.

Die Anfänge der Klimakrise und der Triumph des Neoliberalismus fielen zeitlich zusammen. Eben deshalb, argumentiert Naomi Klein, fehlen uns jetzt die Werkzeuge, um mit der Klimakrise umzugehen. Infrastrukturen wie die Energienetze und der Schienenverkehr wurden privatisiert und ausgeschlachtet. Regulierung, Besteuerung und Umverteilung wurden zu geradezu unanständigen Wörtern. Aber für die Dekarbonisierung brauchen wir staatliche Investitionen, Infrastrukturen, wissenschaftliche Expertise und Planungskapazitäten auf allen Ebenen der Verwaltung. »Wir haben es mit einem Fall von schlechtem Timing zu tun, ganz außergewöhnlich schlechtem Timing!«, kommentiert Naomi Klein.[28]

Schlechtes Timing, das bedeutet ein unglückliches zeitliches Zusammentreffen. So zutreffend Kleins Analyse ist, die eskalierende Klimakrise und den gealterten Neoliberalismus verbindet mehr als ein tragischer Zufall. Das neoliberale »Wachstumsmodell«* hat eine Welt geschaffen, die wesentlich auf ökologischem Raubbau beruht. Das folgende Kapitel beschreibt stichwortartig, wie wir in diese Lage geraten sind. Es soll zeigen, dass die Rezepte, mit denen seit den 1980er Jahren Wachstum (oder wenigstens Profite) erzielt werden, zusehends versagen Wesentliche Wachstumstreiber schlagen um in *Wachstumsbremsen* und / oder erzeugen immer krassere wirtschaftliche, politische und ökologische Verwerfungen.

## Eine neue Rolle des Weltmarkts

Der Begriff »Neoliberalismus« ist schwammig. Er meint gleichzeitig ein wirtschaftspolitisches Programm, eine politische Strömung und Regierungspolitiken, die uneinheitlich und teilweise widersprüchlich waren. In unserem Zusammenhang bezeichnet der Ausdruck ein Bündel wirtschaftlicher, politischer und organisatorischer Strategien beziehungsweise die historische Phase, die Anfang der 1980er Jahre begann und von diesen Strategien geprägt war.[29] Geboren wurde sie aus der Krise des vorangegangenen Wachstumsmodells.

* Exakter als »Wachstumsmodell« wäre die Bezeichnung »Akkumulationsregime« (Michel Aglietta). Sie beschreibt die Organisation der kapitalistischen Produktion und der Märkte während längerer historischer Phasen. Der marxistische Hintergrund / Ballast des Begriffs ist für meine Argumentation unwichtig.

Nach dem Zweiten Weltkrieg waren die Löhne und der Lebensstandard breiter Schichten in Nordamerika und großen Teilen Westeuropas langsam, aber immerhin zuverlässig gestiegen. Die staatlichen Eingriffe in die »gemischte Wirtschaft« zielten auf Vollbeschäftigung (der Männer). Bei einem Abschwung der Konjunktur investierten die Regierungen in die Infrastruktur – besonders gerne in den Straßen- und Gebäudebau – und regten mit Subventionen private Investitionen an, worauf der Wachstumsmotor regelmäßig wieder ansprang. Inflation in einem gewissen Umfang wurde als Nebenwirkung steigender Löhne und niedriger Arbeitslosigkeit begriffen und in Kauf genommen. Technische und soziale Infrastrukturen wurden ausgebaut, vom Verkehr über die Krankenversorgung und Bildung bis hin zu den Sozialsystemen.* Unternehmen, Vermögen und Erbschaften wurden deutlich höher als heute besteuert.

Dieses Arrangement sorgte gleichzeitig für steigende Löhne und hohe Profite. Eine wachsende industrielle Massenproduktion entsprach einem wachsenden Massenkonsum und verlässlichen Unternehmensgewinnen. Viele Zeitgenossen waren von dieser Stabilität und Prosperität so beeindruckt, dass sie von einer »nivellierten Mittelstandsgesellschaft« oder »Wohlstandsgesellschaft« sprachen, in Frankreich auch von den *trente glorieuses*, den »herrlichen dreißig Jahren« nach Kriegsende. Der Staat schien die wirtschaftliche Entwicklung steuern zu können, »Wohlstand für alle« dauerhaft möglich zu sein.

Diese Illusion bekam erste Risse, als die Konjunktur in den späten 1960er Jahren vielerorts stärker einbrach als bei vorherigen Abschwüngen. 1970 schossen die Preise in die Höhe, und die Arbeitslosigkeit stieg auf Rekordwerte. Während die Sozialausgaben

---

* Nach dem Zweiten Weltkrieg wurden in vielen Ländern allgemeine Sozialversicherungen eingeführt. Auch die Versorgung mit Wohnraum wurde zum Teil den Marktkräften entzogen. Große Staatsunternehmen organisierten die Energieversorgung, Eisenbahnverkehr, die Telefonnetze und die Post, in manchen Ländern auch die Schwerindustrie.

wuchsen, schrumpften die Steuereinnahmen, wodurch die Staatshaushalte in Schwierigkeiten gerieten. Sinkende Wachstumsraten und Geldentwertung kamen zusammen (Stagflation).

Für die Unternehmer*innen und Vermögenden lag die Ursache auf der Hand: zu hohe Löhne, zu hohe Ansprüche, zu viel *Macht* auf Seiten der Beschäftigten. Steigende Löhne seien der Grund für die galoppierende Inflation und das schwächelnde Wachstum. Sie beklagten die Disziplinlosigkeit der Jugend und der damals noch häufig als »Minderheiten« bezeichneten Bevölkerungsgruppen. Die neoliberale Antwort lautete wirtschaftspolitische Disziplinierung. Löhne und Steuersätze müssten sinken, um die Wachstumsschwäche zu überwinden, ebenso der Anteil von staatlichen Ausgaben am Bruttoinlandsprodukt.*

Über viele Jahre hinweg und gegen einigen Widerstand setzte sich diese Politik durch. Sozial- und Bildungssysteme sowie Sozial- und Krankenversicherungen wurden umgebaut, konkret: soziale Rechte, Ansprüche und Leistungen abgebaut, die bisher zum Lebensstandard beigetragen hatten. Lohnarbeit wurde zum wichtigsten Maßstab wirtschaftspolitischen Erfolgs. »Sozial ist, was Arbeit schafft.«** Die Teilnahme am Arbeitsmarkt wurde mit immer rabiateren Leistungskürzungen durchgesetzt und die Löhne im Verhältnis zu den Unternehmensgewinnen gesenkt.

Das Problem ist, dass seit dem Zweiten Weltkrieg die Wirtschaft nicht wachsen kann, wenn gleichzeitig der Verbrauch der lohnab-

---

* Betrachtet man die Staatsquote, kann allerdings von einem Rückzug des Staates in der neoliberalen Phase keine Rede sein. In Deutschland schwankte sie seit der Krise der 1970er die längste Zeit zwischen 43 und 49 Prozent, mit einem konjunkturbedingten Spitzenwert 1975 (etwa 49 Prozent) und 1995 (etwa 55 Prozent). Die Sozialleistungsquote lag in diesem Zeitraum zwischen 25 und 30 Prozent. Auch in den USA und im OECD-Durchschnitt ist die Staatsquote seit 1990 leicht angestiegen.

** Dieser Slogan wurde zum ersten Mal im Jahr 2000 von der »Initiative Neue Soziale Marktwirtschaft« verbreitet, eine Organisation des Arbeitgeberverbands Gesamtmetall und anderer Wirtschaftsverbände und Unternehmen. In der Folgezeit wurde der Satz zu einer Art wirtschaftspolitischem *Evergreen*.

hängigen Bevölkerung sinkt. Eine Politik der Lohnsenkung führt geradewegs in eine Absatzkrise: die industrielle Massenproduktion läuft ins Leere ohne Massenkonsum (und die Herstellung der Produktionsmittel für diesen Konsum). In der neoliberalen Phase gab es nicht nur die Peitsche, sondern auch Zuckerbrot. Konkret, man senkte nicht einfach nur den Lebensstandard, sondern suchte und fand auch neue Märkte und schuf neue Konsummöglichkeiten. »Äpfel aus Neuseeland, Orangen aus Südafrika, Bananen aus Costa Rica, Rindfleisch aus Argentinien, Rotwein aus Chile, Rosen aus Kenia, Fernseher aus Südkorea, Smartphones aus China, Autos aus Japan.«[30]

Hier liegen die Wurzeln der Globalisierung. Außenhandel und Weltmarkt nahmen eine neue Bedeutung an. Für die industriellen und landwirtschaftlichen Überkapazitäten wurden neue Absatzmärkte geöffnet. Die Verlagerung ins Ausland setzte die Löhne unter Druck, während der Import auch in den »Hochlohnländern« die Arbeit verbilligte. »Die Reproduktion der Arbeitskraft* in den ökonomisch stärksten Ländern wird durch den ›vorteilhaften‹ Zugriff auf Arbeitskraft, Ressourcen und (ökologische) Senken andernorts einfacher«, erklären die Politikwissenschaftler Ulrich Brand und Markus Wissen. »Das äußert sich zuvorderst in preislich günstigen Waren wie Lebensmitteln und langlebigen Konsumgütern … Auch wenn die Löhne nicht steigen oder gar fallen, kann sich der ›Warenkorb‹ vergrößern.«[31] So konnten die Unternehmen gleich mehrere Fliegen mit einer Klappe schlagen.

Die Verbilligung von Nahrungsmitteln und Energiekosten trugen fortan entscheidend zum Wachstum bei. »Der nach 1983 einsetzende neoliberale ›Boom‹ wurde begleitet von einem signifikanten Rückgang der Nahrungsmittel-, Energie- und Rohstoffpreise. Die Warenpreise für Nahrungsmittel sanken zwischen 1975 und 1989 um 39 Prozent«, erklärt der Historiker Jason Moore. »Unterdessen

* Reproduktion bedeutet in diesem Zusammenhang Wiederherstellung der Arbeitsfähigkeit durch Erholung, Schlaf, Ernährung und so weiter.

pegelte sich der Ölpreis pro Barrel 1983 bei etwa dem Doppelten der Nachkriegsära ein und blieb für zwanzig Jahre stabil.«[32] Dabei handelt es sich nicht um eine ökonomische Nebensache. Die Kosten von Energie und Nahrung gehen in alle Waren ein, von der Feldfrucht bis zum Flachbildfernseher. Einerseits wird bei Herstellung und Transport Energie umgesetzt, andererseits bestimmen sie den Arbeitslohn: Je mehr die Beschäftigten ausgeben müssen, um sich warm zu halten und satt zu werden, desto höhere Löhne müssen ihnen gezahlt werden.

## Mehr Welthandel, mehr Transport, mehr Treibhausgase

Für die Globalisierung mussten »Handelsschranken« wie Zölle, Einfuhrbeschränkungen und andere Importhemmnisse fallen. Weltbank und Internationaler Währungsfonds verpflichteten die Staaten, die ihre Schulden nicht mehr bezahlen konnten, auf den bereits erwähnten Washington-Konsens. Um weiter Kredit zu erhalten, mussten die Regierungen die Ausgaben senken, Hilfen für die heimische Industrie und Landwirtschaft abschaffen, die Währung abwerten (um die Position auf dem Weltmarkt zu verbessern), Staatseigentum privatisieren und vor allem die nationalen Märkte für ausländische Investitionen öffnen.

Abgesehen von dieser handelspolitischen Offensive entstanden technische Mittel, um die grenzüberschreitenden Wertschöpfungsketten besser zu organisieren und die Transportkosten zu senken. Einen entscheidenden Beitrag dazu leisteten die Standardisierung der Containergröße (bereits im Jahr 1965) und die immer leistungsfähigere Digitaltechnik. Mit Datenbanken, Barcodes und Internet ließen sich internationale Produktionsketten (oder sogar Produktionsnetzwerke) flexibel steuern. Die Unternehmen organisierten zunehmend verschlungene Lieferketten kreuz und quer um die Welt (*Offshoring*). So konnten sie von den billigeren Herstellungskosten im Ausland profitieren, wo die Löhne und die Besteuerung niedriger waren und Arbeitsgesetze und Umweltauflagen laxer beziehungsweise nicht kontrolliert wurden.

Sowohl die Produktionsverlagerung ins Ausland als auch der internationale Handel mit Endprodukten bedingten immer mehr Transport über immer weitere Distanzen. Zwischen 1970 und 2018 verdoppelte sich der Anteil von grenzüberschreitenden Transaktionen am weltweiten Bruttoinlandsprodukt.* In der späten Phase des Neoliberalismus ab Mitte der 1990er Jahre – einige Ökonom*innen sprechen von der »Hyperglobalisierung« – wuchs der Exportanteil deutlich schneller als die Weltwirtschaft. Der internationale Containerverkehr nahm von etwa 40 Millionen Tonnen im Jahr 1995 auf 120 Millionen Tonnen im Jahr 2011 zu.[33]

Wegen der Ausweitung des Welthandels wurden immer größere Mengen Öl und Kohle als Treibstoff verbrannt. Zwischen 1990 und 2018 stiegen die $CO_2$-Emissionen durch Verkehr** von 4,6 Milliarden Tonnen auf 8 Milliarden Tonnen und die Emissionen durch Luft- und Schifffahrt auf 1,6 Milliarden Tonnen (ein Plus von 97 Prozent). Die »importierten Emissionen« – Treibhausgase, die im Ausland für die Herstellung von Waren entstehen, die im Inland konsumiert werden – stiegen von 4,3 Milliarden Tonnen $CO_2$ im Jahr 1990 (20 Prozent der Gesamtmenge) auf 7,8 Milliarden Tonnen 2008 (26 Prozent).[34]

Insbesondere der Transport über das Meer war »eine Folge der Auslagerung der Produktion nach China und in andere Länder des Globalen Südens«, erklärt Ian Angus. »Das Schweröl, das die Frachtschiffe benutzen, ist der billigste und zugleich schmutzigste Kraftstoff, den es gibt. Seit 1990 sind die Kohlenstoffdioxidemissionen von mit Schweröl betriebenen Schiffen jährlich um 3,7 Prozent angestiegen. Ein großes Containerschiff verbrennt 350 Tonnen

---

* In dieser Zahl sind allerdings auch Finanztransaktionen enthalten. Die Große Rezession brachte in den Jahren 2007 und 2008 einen moderaten Rückgang, der aber schon 2009 wieder ausgeglichen wurde.

** Der Anteil des Güterverkehrs macht mittlerweile etwa ein Drittel der $CO_2$-Verkehrsemissionen aus.

Treibstoff pro Tag und stößt jährlich mehr $CO_2$ aus als die meisten Kohlenkraftwerke.«[35]

Mit der Globalisierung vertiefte sich die internationale Arbeitsteilung. Besonders China wurde zur Fabrikhalle der Welt, die in sämtliche Weltregionen exportiert. 2019 wurden etwa jedes vierte Auto, vier von fünf Computern und neun von zehn Mobiltelefonen in dem Land hergestellt. Der chinesische Handelsbilanzüberschuss wurde ebenso gewaltig wie der Energiebedarf, der überwiegend mit Kohle und Öl gedeckt wurde. Indien, Türkei, Mexiko und Brasilien erreichten zwar nicht dieselbe Rolle, aber durchliefen eine vergleichbare Entwicklung. Allmählich exportierten sie nicht mehr nur (Agrar-)Rohstoffe und Vorprodukte, sondern wurden selbst zu Erstausrüstern und belieferten internationale Märkte und in wachsendem Umfang auch einheimische und regionale Märkte. Weil die Bevölkerung und damit die Absatzmärkte in den *emerging markets* zuverlässig wuchsen, zogen sie Investitionen aus dem Globalen Norden an. Die »Schwellenländer« und »aufstrebenden Volkswirtschaften« wurden zunehmend in die Finanz- und Handelsströme eingebunden.

Dadurch trieb die Globalisierung den THG-Ausstoß gleich zweifach in die Höhe: Sie vermehrte den Transport, während gleichzeitig der energieintensive Konsum vor Ort wegen der wachsenden Bevölkerungen und ihrer wachsenden Einkommen anstieg. Südamerikanische und asiatische Mittelschichten nähern sich dem Lebensstil der westlichen Metropolen an, mit Autofahren, häufigem Fleischkonsum und Flugreisen. Ein frappierendes Beispiel dafür ist die Motorisierung. 2010 wurde die Grenze von einer Milliarde Autos weltweit durchbrochen. Rein rechnerisch verfügt seitdem einer von acht Menschen auf dem Planeten über ein Auto. Seit 1990 ist die Anzahl der jährlich verkauften Kraftfahrzeuge von 39 Millionen auf 79 Millionen im Jahr 2018 gestiegen.*

---

* 2018 wurden außerdem 133 Millionen Motorräder verkauft. Allerdings gehen die Verkäufe seitdem leicht zurück, möglicherweise ein Hinweis, dass der Markt gesättigt ist.

Dabei stellt China alle anderen Länder in den Schatten: Von 1990 bis 2018 vervierfachte sich die Emissionsmenge pro Kopf (von 2 auf 8 Tonnen). Diese Menge liegt zwar immer noch unter der deutschen (9,2 Tonnen) oder der US-amerikanischen (16,1 Tonnen), allerdings ist die chinesische Bevölkerung mit 1,4 Milliarden auch wesentlich größer. Die rasend schnelle Urbanisierung vervielfachte den Verbrauch von Stahl und Zement, insbesondere in den Küstenregionen.

## Die Industrialisierung auf dem Acker

Ein wesentlicher Bestandteil des neoliberalen Wachstumsmodells waren die globale Industrialisierung der Landwirtschaft und die massenhafte Proletarisierung und Urbanisierung im Globalen Süden. 1990 lebten in Afrika, Asien, Süd- und Mittelamerika etwa ein Drittel der Bevölkerung in Städten – 2015 war es bereits die Hälfte. Seit 2012 übertrifft die urbane Bevölkerung in China die ländliche. Dort zogen zwischen 1990 und 2012 bis zu 300 Millionen Menschen aus den Dörfern in die Städte, eine wahre Völkerwanderung.[36] Laut einem Bericht der Internationalen Arbeitsorganisation (ILO) wuchs die Beschäftigung in China im ungefähr gleichen Zeitraum (1990–2015) um 150 Millionen Menschen.* Dieselbe Entwicklung fand in Pakistan, Indien, Indonesien und Nigeria statt: Bauern wurden zu städtischen Lohnabhängigen.[37]

Dieses Muster ist natürlich nicht neu, die Freisetzung der Landarbeit prägte die Geschichte des Kapitalismus von Anbeginn an.** Seit

* Der zahlenmäßige Unterschied geht möglicherweise darauf zurück, dass ein großer Teil dieser Migration nach chinesischem Recht illegal war und nicht offiziell erfasst wurde.

** Dieser Strukturwandel hat ökologische, soziale und technische Voraussetzungen: Die Landwirtschaft muss in der Lage sein, eine wachsende Zahl von Lohnarbeiter*innen und Stadtbewohner*innen zu ernähren. Als Bindeglied im »Stoffwechsel des Menschen mit der Natur« (Karl Marx) spielt der Agrarsektor eine tragende Rolle für die Wirtschaftsentwicklung. Um es etwas zugespitzt auszudrücken: Ohne Rationalisierung der Landwirtschaft keine Rationalisierung der Industrie.

dem 18. Jahrhundert wächst die Produktivität der Landwirtschaft, während der internationale Austausch von Agrarprodukten Bauern aus dem Markt drängt, die typischerweise in die Städte abwandern.* Der weltweite Agrarsektor schrumpfte das ganze 20. Jahrhundert hindurch. Ab den 1970er Jahr beschleunigten sich allerdings die Beschäftigungsverluste im Agrarsektor und die Landflucht. Der Anteil der Landarbeit an der Erwerbstätigkeit weltweit sank zwischen 1991 und 2020 von 44 Prozent auf 27 Prozent. Die »Ent-Bäuerlichung der Welt« (Farshad Araghi) innerhalb weniger Generationen markiert einen epochalen Bruch. Jahrtausendelang bearbeiteten (mindestens!) drei von vier Menschen den Boden. Nun kehrte sich das Verhältnis um, nur noch einer von vier war in der Landwirtschaft tätig. Das rasend schnelle Tempo dieser Entwicklung erklärt sich daraus, dass die Rationalisierung der Lebensmittelerzeugung und ihre Verteilung über globale Märkte nicht mehr nur auf eine Handvoll Regionen beschränkt war, sondern immer größere Teile der Welt erfasste.

Die industrielle Landwirtschaft entstand im 20. Jahrhundert in den USA. »Benzin- und dieselbetriebene Traktoren verdrängten Arbeitstiere. Bauern und Bäuerinnen, die sich die neuen Maschinen leisten konnten, waren imstande, größere Flächen mit weniger Landarbeiter*innen zu bewirtschaften. Sie konnten mehr produzieren und billiger verkaufen. Jene, die nicht umstellen konnten, wurden verdrängt.«[38] Die Rationalisierungsmethoden auf dem Acker glichen denen in der Fabrik. Die Arbeit wurde neu geteilt und mithilfe von Landmaschinen mechanisiert. So sank der Personalbedarf, während der Kapitaleinsatz stieg. Um Skaleneffekte zu erreichen,

* Schon vor dem 20. Jahrhundert kam es zu Wellen der Globalisierung. Mit der Industrialisierung ab dem späten 18. Jahrhundert wuchs der Weltmarkt auf ein neues Niveau, wozu später auch Dampfschifffahrt und Telegraphie beitrugen. Exporte und Importe machten dann im Jahr 1913 35 Prozent des Bruttoinlandsprodukts des deutschen Kaiserreichs aus. Dieser Anteil wurde erst wieder in den 1990er Jahren erreicht. Auch die Globalisierung der Agrarsysteme begann bereits vor der neoliberalen Phase, spielte dann aber eine entscheidende Rolle für das Wachstumsmodell.

wurden Feldfrüchte und Gartenpflanzen auf möglichst großen Flächen angebaut: Jeder Arbeitsvorgang soll möglichst große Produktionsmengen erzeugen.

Anders als die Fabrikproduktion, die Rohstoffe und Vorprodukte einfach verbraucht, muss die industrielle Landwirtschaft allerdings den Boden immer wieder aufs Neue nutzen. Ihm werden die Nährstoffe Stickstoff, Phosphat und Kalium in Form von Mineraldünger zurückgegeben. Der industrialisierte Anbau wird zu Recht auch als »intensive Landwirtschaft« bezeichnet, denn er steigert den Stoff- und Energieumsatz und damit die Erntemengen. Die meist langfristigen Monokulturen sind anfällig gegenüber Schädlingen, die wiederum mit Pestiziden in Schach gehalten werden.

Dieses Modell exportierten die USA ab den 1960er Jahren unter dem Schlagwort »Grüne Revolution« in den Globalen Süden, insbesondere nach Mexiko und in geringerem Umfang in andere lateinamerikanische Länder sowie nach Indien und Südostasien. So sollte die Agrarproduktion gesteigert werden, um eine Grundlage für die nationale industrielle Entwicklung zu schaffen. Gleichzeitig förderten die USA ihre eigene Landwirtschaft: Die Regierung kaufte einheimischen Farmern Überschüsse an Weizen ab, außerdem Baumwolle, Ölfrüchte und Milchprodukte, und verschiffte sie als Lebensmittelhilfen an befreundete Staaten.

Die Industrialisierung der Landwirtschaft ließ die Erntemengen geradezu explodieren. Zwischen 1960 und 2015 verdreifachten sich die weltweiten Erträge. Die agrarindustriellen Methoden der Grünen Revolution erhöhten die Produktivität, allerdings beruhten die größeren Ernten auch darauf, dass immer mehr Land bewirtschaftet und immer mehr Wasser und andere Ressourcen eingespannt wurden, insbesondere fossile Treibstoffe.[39] Die Rationalisierung auf dem Acker trieb gleichzeitig die Proletarisierung und Urbanisierung im Globalen Süden an, wo die Bevölkerung noch überwiegend in der Landwirtschaft beschäftigt gewesen war.

Eine Voraussetzung dafür war die Liberalisierung der nationalen Agrarmärkte. Die Öffnung zum Weltmarkt begann, als in den

1980er Jahren zahlreiche Länder ihre Staatsschulden nicht mehr bedienen konnten. »Mit Strukturanpassungsprogrammen zwangen IWF und Weltbank sie zum Abbau von Schutzzöllen und zur Ausweitung von Agrarexporten«, argumentiert der Soziologe Philip McMichael. »In den 1990er Jahren führten multilaterale Handelsabkommen zur Liberalisierung von Agrarhandel und Agrarinvestitionen.«[40] 1995 wurde die Welthandelsorganisation (WTO) gegründet. 123 Staaten verpflichteten sich, allen Mitgliedern den gleichen Zugang zu ihren Heimatmärkten zu erlauben und Importe in ihre Agrarmärkte zu erleichtern.

Die Produktivität der verschiedenen Agrarsysteme klaffte immer weiter auseinander. »In den 1980er Jahren wuchs in der armen Welt die Nahrungsproduktion pro Kopf überhaupt nicht, mit der Ausnahme von Süd- und Ostasien (aber selbst dort produzierten manche Länder weniger pro Kopf als in den 1970ern: Bangladesch, Sri Lanka und die Philippinen). Manche Regionen blieben unter dem Level der 1970er Jahre oder fielen sogar zurück, insbesondere Afrika, Zentralamerika und der Mittlere Osten.«[41] Gleichzeitig subventionierten Europa, Australien und Nordamerika ihre eigenen Landwirtschaften. Die Überschüsse wuchsen zu »Milchseen« und »Butterbergen« an, die auf dem Weltmarkt sozusagen entsorgt wurden. Das wachsende Überangebot senkte die Weltmarktpreise für Agrarrohstoffe. »Allein in der Zeit von 1997 bis 2001 sank der Preis für Reis um 43 Prozent, für Baumwolle um 39 Prozent, für Zucker um 24 Prozent und für Weizen um 20 Prozent.«[42]

Massen von Kleinbäuer*innen konnten dem Preisverfall und dem wachsenden Importdruck nicht Stand halten. Manche von ihnen wurden zu lohnabhängigen Landarbeiter*innen, noch mehr wanderten in die Städte ab.* »Konservative Schätzungen im Rahmen der FAO gehen davon, dass nach Einrichtung der WTO etwa 30 Millionen Bäuer*innen ihr Land verloren«, schreiben Ulrich Brand und

* Die Bewirtschaftung übernahmen außerdem zunehmend Saisonarbeitskräfte, die ebenfalls in Städten wohnen und nur für die Erntephasen anreisen.

Markus Wissen. Sie »wurden gemeinsam mit entrechteten migrantischen Arbeitskräften zur Reservearmee einer industriell-monokulturellen Landwirtschaft.«[43] Die Masse von Lohnabhängigen speiste sich außerdem aus dörflichen Handwerker*innen und Familienangehörigen, die nach ihrer Abwanderung in die Arbeitsmärkte drängten.

Im Unterschied zu der »ersten Globalisierung« während des 19. Jahrhunderts wuchs die Beschäftigung in der Industrie nicht in einem Umfang, der den ehemaligen Bauern Arbeitsmöglichkeiten geboten hätte. Die Zahl der Erwerbstätigen stieg, aber auch der Anteil von Unterbeschäftigten. Laut einem Bericht der ILO betrug die Zahl der Arbeitslosen im Jahr 2019 etwa 188 Millionen weltweit. Weitere 165 Millionen geben an, eigentlich mehr arbeiten zu wollen, und noch einmal 120 Millionen »werden nicht als arbeitslos bezeichnet, aber sie sind mit den Arbeitsmärkten nur lose verbunden und könnten eigentlich zukünftig eine Arbeit aufnehmen. Anders gesagt, über 470 Millionen Menschen weltweit fehlt der Zugang zu Lohnarbeit.«[44]

Ein großer Teil der Unterbeschäftigten verfügt nur über unsichere Einkünfte. Landflucht fand auch dort statt, wo die wirtschaftliche Entwicklung schwach oder, wie in Teilen von Subsahara-Afrika, sogar rückläufig war. Etwa eine Milliarde Menschen lebt in Armutssiedlungen und schlägt sich in prekären Beschäftigungsverhältnissen durch, weswegen der Autor Mike Davis von einem »Planet der Slums«[45] spricht.*

Es wäre allerdings falsch, die Phase seit den 1970er Jahren als einen einzigen langanhaltenden Niedergang zu beschreiben. Auf der Habenseite seiner Bilanz kann der Neoliberalismus verbuchen, dass die Zahl der »extrem Armen« seit den 1980er Jahren um die Hälfte zurückgegangen ist. Vor allem kletterten einige Schwellenländer die Wertschöpfungsketten nach oben. Mexiko, Brasilien, Indien, Türkei und Nigeria und natürlich China fanden Nischen in

* Die absolute Zahl der Slumbewohner wuchs bis 2019 weiter, allerdings war ihr relativer Anteil an der urbanen Bevölkerung rückläufig.

der internationalen Arbeitsteilung und bauten eigene industrielle Kapazitäten auf.

Einige Agrarexporteure erlebten ab den 1990er Jahren einen vergleichbaren Aufstieg wie die sich industrialisierenden Schwellenländer. »Die Handelsvolumina wuchsen rasch, vor allem bei Ölsaaten und Fleisch. Südamerika, vor allem der Agrargigant Brasilien, wurde zum dominierenden Exporteur von Ölsaaten und Fleisch; Russland betrat erneut als Getreideexporteur die Bühne.«[46] Wenige Staaten dominieren die jeweiligen Märkte für die Hauptagrargüter Weizen, Reis, Mais und Soja.

Die neue internationale Arbeitsteilung brachte eine Handvoll Gewinner hervor, eine Menge Verlierer und vor allem eine wachsende globale Ungleichheit. Auch innerhalb des Globalen Südens kam es zu einer Polarisierung der Einkommen und Lebenschancen zwischen Stadt und Land, Metropole und Peripherie. Der simple Gegensatz zwischen einer »3. Welt«, die *cash crops*, Rohstoffe und Arbeitskraft exportiert, und einer »1. Welt«, die sie importiert und industriell verwertet, ist überholt.

## »Landwirtschaft ohne Landwirte«

In den »Ländern mit geringen und mittleren Einkommen« (*low and middle income countries*) sank die Durchschnittsfläche pro Landwirt*in, auch wegen der wachsenden Bevölkerung. Im Gegensatz dazu wuchs die Betriebsgröße in den kapitalintensiven und hochproduktiven Agrarsektoren in Nordamerika, Australien und Europa, während die Zahl der Beschäftigten abnahm. Die wichtigste Bauernregel lautet dort: »Wachsen oder Weichen« – mehr Fläche und mehr Input, Spezialisierung und Professionalisierung. In der Bundesrepublik liegt die Durchschnittsgröße eines Hofs mittlerweile bei 62,5 Hektar (2019), in den USA sogar bei 111 Hektar.

Dennoch fallen die hohen Profite in der Regel anderswo an. Die Industrialisierung der Landwirtschaft und der Austausch über den

Weltmarkt förderten den Aufstieg gewaltiger Marktakteure. »Seit den 1980er-Jahren wandeln sich die transnationalen Konzerne, die pflanzliche Nahrungsmittel produzieren, weiter zu Global Playern, die nicht mehr nur in einigen Ländern, sondern auf der ganzen Welt tätig sind.«[47] *Walmart*, *Carrefour*, *Tesco* oder die *Schwarz-Gruppe* (Kaufland, Lidl) dominieren die ganze Lebensmittelerzeugung, gerade sie haben von der Liberalisierung profitiert. Weil sie den Zugang zu den Endabnehmer*innen weitgehend monopolisiert haben, sind sie in der Lage, den Erzeuger*innen die Preise zu diktieren. So verstärken sie den Rationalisierungsdruck, während sie die Verantwortung für die ökologischen und sozialen Folgen den Landwirt*innen zuschieben.

Die Landwirtschaft ist sozusagen eingeklemmt zwischen vorgelagerten Herstellern einerseits (Agrarmaschinen und andere Technik, Dünger, Saat- und Pflanzengut) und nachgelagerten Abnehmern (Transport, Verarbeitung und Handel).[48] Die unmittelbare agrarische Produktion – Äcker pflügen, Schweine mästen … – überlassen diese Kapitalgruppen gerne anderen, denn sie ist riskant und Größenvorteilen nur bedingt zugänglich.* Die allmähliche »Kapitalisierung der Landwirtschaft … minderte den in den landwirtschaftlichen Betrieben selbst erzeugten Mehrwert. Heutzutage erledigen Caterpillar und John Deere die Arbeit (Hersteller der meistgenutzten Maschinen, MB), die Energie kommt von ExxonMobile, der Dünger von DuPont und die Schädlingsbekämpfung von Dow oder Monsanto. Das Saatgut, also der Keim, der die Landwirtschaft erst ermöglicht, wurde patentiert und muss eingekauft werden.«[49]

Das internationale Agrarkapital ist enorm konzentriert. Die sogenannten »Großen Sechs« verkaufen etwa zwei Drittel des Saatguts weltweit und drei Viertel der Agrochemikalien (Pestizide und Dünger). Dabei handelte es sich um drei US-Konzerne (Monsanto, Dow Chemical, DuPont), zwei deutsche (Bayer, BASF) und einen

* Etwas zugespitzt gesagt handelt es sich nicht mehr um einen eigenständigen Sektor, sondern um ein Anhängsel der Branchen Energie, Chemie / Pharma und Lebensmittel.

schweizerischen (Syngenta). Mittlerweile sind die vormaligen »großen Sechs« durch Fusionen weiter auf fünf *Player* geschrumpft, deren Aktivitäten bezeichnenderweise Kontinente und Machtblöcke überspannen.*

## Die industrielle Ernährungsweise

Der Globale Norden exportierte nicht nur landwirtschaftliche Methoden, sondern auch die »westliche Ernährungsweise«, definiert als hoher Anteil von Fett, Fleisch und Zucker. Ab den 1990er Jahren verbreitete sie sich überall dort, wo durch die Liberalisierung Agrarimporte möglich wurden, Teile der Bevölkerung sich diese Produkte leisten konnten und einheimische Küchen dem Importdruck nicht standhielten.

Selbstversorgung und lokale Lieferketten werden seit den 1990er Jahren in den Hintergrund gedrängt, ihre Rolle übernehmen Handelsketten und ausdifferenzierte international aktive Lebensmittelindustrien. In Südamerika, Asien, Südafrika und Osteuropa ersetzen Supermärkte zunehmend Straßenmärkte. Lokale Produkte sind nicht mehr konkurrenzfähig oder von der Vermarktung ausgeschlossen. Transnationale Handelskonzerne und Supermarkt-Ketten prägen mittlerweile die Austauschbeziehungen zwischen Stadt und Land. Die urbane Bevölkerung hat weniger Zugang zu Nahrung aus dem Umland, auch in den Metropolen des Globalen Südens.[50]

Die Schwerpunkte der Ernährung verschoben sich. Aus dem »Sonntagsbraten« wurde der Alltagsbraten, der Fleischkonsum nahm ungeahnte Dimensionen an. Laut FOA lag die produzierte Menge Geflügelfleisch im Jahr 2018 bei 125 Millionen Tonnen.

* Die beiden US-Konzerne DuPont und Dow Chemicals verschmolzen zunächst und wurden dann wieder aufgespalten. Bayer übernahm im Jahr 2018 Monsanto, während Syngenta 2017 von dem staatlichen Chemiekonzern ChemChina übernommen wurde: Zum ersten Mal drang ein asiatisches Unternehmen in die Reihen der Marktführer im Agrarbereich vor.

Die weltweite Anzahl der Broiler (*gallus gallus domesticus*) wird auf 22,7 Milliarden geschätzt. Im Verhältnis zu den 1960er Jahren hat sich die Hühnerfleisch-Produktion etwa verzehnfacht, während die Weltbevölkerung sich in diesem Zeitraum lediglich verdoppelte.

Diese Ernährungsweise rationalisiert nicht nur die Herstellung, sondern auch den Verbrauch. Insofern gehört sie zu einem weiteren Wachstumstreiber der neoliberalen Phase, der Verdichtung der Reproduktion. Diese Entwicklung setzte im Globalen Norden bereits nach dem Zweiten Weltkrieg ein. Vorverarbeitete und haltbare Lebensmittel wie Frühstücksflocken, Orangensaftkonzentrat, Tiefkühlkost und Fertiggerichte beschleunigten die Essenszubereitung und ersetzten ältere Konservierungstechniken. Immer mehr Lebensmittel enthielten Zucker, Maissirup und Soja als Grundzutaten. So veränderte die industrielle Landwirtschaft den Alltag, sie führte gleichsam zu einer industrialisierten Ernährung.*

## Industrielle Landwirtschaft und ökologische Katastrophe

Der Entbäuerlichung der Welt entsprach ihre »Versupermarktlichung«. Eine Folge war, dass die Zahl der angebauten Gemüse- und Obstsorten und Nutztierrassen massiv abnahm. So wie die Fabrikproduktion führte auch die Industrialisierung auf dem Acker (und im Treibhaus) zu einer extremen Standardisierung. »In Asien wurden früher etwa 30.000 verschiedene Reissorten angebaut. Nach der Grünen Revolution beherrschen lediglich zehn Reissorten die Anbaufläche. (…) Gab es in Bayern im 19. Jahrhundert noch 35 Rinderrassen, sind es heute nur mehr fünf. (…) 20 Prozent der Schweine-, Rinder-, Schaf-, Ziegen- und Geflügelrassen stehen kurz vor dem Aussterben. Weltweit bilden heute nur noch rund zehn Pflanzenarten und fünf Nutztierrassen die Basis für die globale Ernährung.«[51]

* Die globale Vereinheitlichung der Ernährung ist allerdings nur eine Tendenz, schon deshalb, weil immer noch 820 Millionen Menschen hungern müssen.

Immerhin steigerte die Industrialisierung der Landwirtschaft die Menge der verfügbaren Kalorien enorm. Die weltweite Getreideproduktion wuchs zwischen 1950 und 1984 jedes Jahr im Schnitt um drei Prozent. Seitdem hat sich die Zuwachsrate etwas verlangsamt, aber sie liegt immer noch ungefähr bei einem Prozent. Die Zahl der Hungernden fiel von einer Milliarde Menschen weltweit im Jahr 1991 auf 784 Millionen im Jahr 2015, obwohl die Weltbevölkerung im selben Zeitraum um 1,6 Milliarden Menschen wuchs.* Dieser Erfolg war allerdings teuer erkauft. Die Grüne Revolution mechanisierte die Bodenbearbeitung, erhöhte den Düngereinsatz und weitete die Ackerfläche immer weiter aus. Neue Flächen entstanden seit den 1980er Jahren vor allem durch Abholzung von tropischen Wäldern.

Immer größere Anteile der Wasserkreisläufe wurden eingespannt. Eine Modellrechnung besagt, dass sich der globale Wasserumsatz zwischen 1960 und 2010 um etwa 250 Prozent erhöhte, hauptsächlich wegen der Bewässerung in der Landwirtschaft.[52] »Auch wenn die Landwirtschaft auf der globalen Ebene effizienter geworden ist, ging die Steigerung der Nahrungsproduktion und das wirtschaftliche Wachstum auf Kosten der natürlichen Umwelt«, fasst eine Studie der FAO zusammen. »Tatsächlich ist die Hälfte der Wälder, die einst den Planeten bedeckten, mittlerweile verschwunden. Die Grundwasserquellen stehen zunehmend unter Druck. Die Biodiversität wurde in großem Ausmaß untergraben. Gewässer und Grundwasser wurden mit Nitraten, Herbiziden und Pestiziden verschmutzt.«[53]

Die Grüne Revolution war in Wirklichkeit schwarz – schwarz wie Erdöl. Seit den 1970er Jahren wurde die Landwirtschaft immer energieintensiver. Das liegt nicht nur an den Dieselmotoren der Traktoren, sondern vor allem an den mineralischen Düngemitteln

---

* Zwischen 2015 und 2020 stieg die absolute Zahl der Hungernden wieder an. 2019 lag sie bei 820 Millionen. Die Zuwachsrate der Weltbevölkerung sank in diesem Zeitraum übrigens von 1,85 auf 1,05 Prozent: Die »Bevölkerungsexplosion« neigt sich dem Ende zu.

und Pestiziden, die mit großen Mengen (fossiler) Energie hergestellt werden. Deshalb schlagen die Ölpreise mittlerweile zu etwa einem Viertel auf die Getreidekosten durch.[54] Zwischen 2000 und 2019 verliefen die Kurse der Energieträger und der Grundnahrungsmittel zunehmend synchron. Der US-amerikanische Umweltaktivist Michael Pollan formuliert prägnant: »Wenn wir die Waren der Lebensmittelindustrie zu uns nehmen, dann essen wir eigentlich Öl und spucken Treibhausgase aus.«[55]

Der Anteil der international gehandelten Lebensmittel ist seit 1980 um 50 Prozent gestiegen. Der Transport bedingt eine energieintensive Verpackung und Kühlung, damit sie nicht verderben. Etwa ein Fünftel aller verzehrten Kalorien überquert mittlerweile mindestens eine nationale Grenze. Insgesamt verursacht die Landwirtschaft (inklusive Transport, Verpackung, und Kühlung[56]) ungefähr ein Viertel der THG.

Allmählich kommen die Grenzen dieses Systems in Sichtweite. Die Rationalisierungsgewinne lassen nach. »In der industrialisierten Landwirtschaft werden immer mehr Düngemittel und nicht erneuerbare Energie benötigt, um die gleiche Menge an Getreide zu produzieren«, betont Bruno Kern. »1950 erbrachte der Einsatz einer zusätzlichen Tonne Dünger durchschnittlich 14,8 zusätzliche Tonnen Getreide, doch 1980 lag dieser zusätzliche Getreideertrag bei nur 5,8 Tonnen.«[57] Die stoffliche Seite des Agrarregimes ähnelt zunehmend einer Materialschlacht: mehr Energie, mehr Dünger, mehr Boden. Der Grenznutzen nimmt ab. Die globalisierte Landwirtschaft kann nicht weitermachen wie bisher, nicht nur wegen der Klimakrise: Die notwendigen Ressourcen stehen einfach nicht zur Verfügung.

Ungefähr seit der Jahrtausendwende zeigt sich eine neue Erscheinung: Die Krise macht den agrarischen Produzenten selbst zu schaffen. Dürren, Hitze und Stürme drücken auf die Erträge, auch die aufwendige künstliche Bewässerung und an einigen Orten Wasserknappheit. In manchen Anbauregionen stagnieren die Erntemengen bereits. Insofern ist die industrielle Landwirtschaft gleichzeitig Täter und Opfer: Sie verschärft den Treibhauseffekt und damit die mit ihm verwobenen ökologischen Verwerfungen, unter denen ihre eigene Produktivität leidet. Sie hat sozusagen Kopfschmerzen und nur Medikamente, zu deren Nebenwirkungen Kopfschmerzen zählen.

## »Das Kapital löst seine Widersprüche nicht, sondern schiebt sie durch die Gegend.«

Der US-amerikanische Geograph David Harvey prägte den Satz: »Das Kapital löst seine Widersprüche nicht, sondern schiebt sie durch die Gegend.« Tatsächlich wirkt der Neoliberalismus fast wie eine Art Flucht des Kapitals hinaus in die weite Welt. Sinkende Gewinne trieben es ins Ausland, um neue Märkte und billige Arbeit zu finden. David Harvey erklärt die Globalisierung als »Verlagerung rund um den Globus« und die Ausweitung der Finanzmärkte als »Verlagerung in die Zukunft«. Diese Strategien bezeichnet er als *fixes*, »Lösungen der kapitalistischen Krisen durch zeitliche Verschiebung und geographische Expansion«.[58]

David Harvey erklärt das neoliberale Wachstum mit Kapitalexport. Um seine latent vorhandenen Erschöpfungstendenzen zu überwinden, argumentiert er, findet der Kapitalismus bisher unerschlossene Räume und gesellschaftliche Sphären, um sich weiter auszudehnen. Er muss »gänzlich neue territoriale Arbeitsteilungen organisieren, neue und billigere Ressourcen-Komplexe erschießen, ebenso neue dynamische Räume für die Kapitalakkumulation, ältere gesellschaftliche Formen mit kapitalistischen Sozialbeziehungen und institutionellen Arrangements durchdringen (wie Vertragsregelungen und Privateigentum)«.[59] Kapital kann in andere Länder und Kontinente exportieren, aber auch neue gesellschaftliche Bereiche in den Ursprungsländern durchdringen. »Der Kapitalismus, ließe sich formulieren, ist genauso abhängig von geographischer Expansion wie von technischem Wandel und endloser Expansion durch ökonomisches Wachstum.«[60]

Diese Theorie erlaubt es, unterschiedliche Wachstumstreiber der neoliberalen Phase elegant zusammenzuführen. Seit den 1970er Jahren suchten und fanden die Unternehmen Anlagemöglichkeiten in Asien und Südamerika. Die Kernländer im Globalen Norden exportierten Kapital, aber sie öffneten auch heimische »nicht-kapitalistische Milieus« (Rosa Luxemburg) für private Investoren. Infrastrukturen von der Kinderbetreuung bis zu Autobahnen wurden zunehmend als Markt gestaltet – Bereiche, die im vorangegangenen »eingebetteten Liberalismus« öffentlich oder familiär geregelt wurden und weitgehend unabhängig von Profitinteressen waren. Auch neue Märkte entstanden: Die Verbilligung der Transportkosten und die Digitalisierung, eigentlich nur Nebenprodukte des Welthandels, wurden zur Grundlage für Produkte wie touristische Flugreisen, Unterhaltungselektronik und neuartige Dienstleistungen. Die Nachfragelücke wurde geschlossen durch eine wachsende staatliche, unternehmerische und private Verschuldung und den Absatz in den *emerging markets*.

Weil Frauen zunehmend in die Arbeitsmärkte eingebunden wurden, stieg die Erwerbsquote. Der Doppelverdiener-Haushalt wurde zur Norm. Die Intensivierung der Arbeit, die oft mit Teilzeitmodellen oder Arbeitszeitverkürzungen einherging, war ein weiterer wichtiger Wachstumstreiber, weil sie die Lohnkosten senkte. Die Reproduktion der Arbeiter*innen wurde gleichsam industrialisiert, die Bedürfnisse durch Warenkonsum gestillt. Individuelle motorisierte Mobilität, intensivierte Arbeit und die Kommerzialisierung der Freizeit griffen ineinander.

Der ökologische Raubbau in der Landwirtschaft und die Globalisierung verbilligten Lebensmittel und andere Konsumgüter. Daher konnten viele Menschen trotz stagnierender, teilweise real sinkender Löhne ihren Lebensstandard halten. Für einen durchschnittlichen Stundenlohn konnte beispielsweise eine amerikanische Industriearbeiterin im Jahr 2003 doppelt so viele Eier kaufen wie im Jahr 1980, doppelt so viel Schinken und Butter, 25 Prozent mehr Milch und 50 Prozent mehr Mehl.

## Die Grenzen des neoliberalen Wachstumsmodells machen sich bemerkbar

Dieses Modell funktioniert nicht mehr richtig. Eben jene Strategien, mit denen die Krise der 1970er Jahre überwunden wurde, erzeugen weniger Wachstum oder aber immer krassere Krisentendenzen. Ein Beispiel dafür ist der Freihandel, der den Kapitalexport erst ermöglichte und gleichzeitig Energie und Arbeit verbilligte. Die Gründung der WTO im Jahr 1995, maßgeblich von den USA und Großbritannien vorangetrieben, markiert den *politischen Höhepunkt* der Globalisierung und damit den Beginn eines schleichenden Niedergangs. Um die Jahrtausendwende übertraf das Wirtschaftswachstum in den Schwellenländern das in den alten Industriestaaten. Der Freihandel verschlechterte mit der Zeit die *terms of trade* zu Ungunsten des Globalen Nordens. Bezeichnenderweise sank der Anteil der Nord-Nord-Exporte zwischen 1990 und 2011 (von 56 auf 36 Prozent), während der Austausch zwischen Süd-Nord (von 33 auf 38 Prozent) und vor allem zwischen Süd-Süd (von 8 auf 24 Prozent) kontinuierlich anstieg – ein Ausdruck davon, dass den alten Industriestaaten neue Konkurrenten gegenübertraten. Bezeichnend ist weiterhin, dass der Anteil von Fertigwaren deutlich stärker wuchs als der von Zwischenprodukten und Rohstoffen.[61]

Einige Kommentator*innen bezeichnen diese Phase als »Hyperglobalisierung«. China trat im Jahr 2001 der WTO bei und begann, Einfluss auf die Regeln des Welthandels auszuüben. Mit der zunehmenden Exportorientierung wuchsen die Ungleichgewichte in den Handelsbilanzen und die Währungsstreitigkeiten. Ab der Jahrtausendwende führten diese Konflikte zu wachsenden Spannungen zwischen den Blöcken Nordamerika, Europa und China.

Die »Subprime-Krise« ab 2007 und die anschließende Große Rezession waren ein unübersehbarer Wendepunkt. Die Staaten erklärten die Banken und andere institutionelle Anleger für

»systemrelevant« und finanzierten Verluste, weshalb die Staatsverschuldung in den Industrieländern von 2007 bis 2017 von 74 Prozent des Bruttoinlandsprodukts auf 105 Prozent stieg (in den Schwellenändern von 35 Prozent auf 48 Prozent). Die »Hyperglobalisierung« wich einer »Slowbalisation«, der Welthandel wuchs kaum noch. Das Berufungsgericht der WTO, das für Streitfragen zwischen den Mitgliedern zuständig ist, stellte Ende 2019 die Arbeit ein. Der multilaterale Ansatz im Welthandel ist fürs erste erledigt.

Die Ausweitung des Weltmarkts vertiefte die internationale Arbeitsteilung und brachte eine größere Spezialisierung mit sich, damit naturgemäß eine größere gegenseitige Abhängigkeit. Aber die Globalisierung wurde von »nationalen Wettbewerbsstaaten« (Joachim Hirsch) betrieben, von konkurrierenden Nationen, die um Marktanteile ringen und ihren Vorteil suchen. Die Ausweitung des Weltmarktes hat die nationalen Gegensätze nicht abgebaut, sondern verschärft.*

Wegen der zunehmenden Spannungen zwischen Europa, Nordamerika und China zeigen sich erste Risse im Weltmarkt, auch wenn von einer Renationalisierung bisher noch nicht die Rede sein kann. Seit 2015 beschränken die Nationalstaaten die Einfuhr bestimmter Waren, vereinzelt haben sie Zölle erhöht. Bis zum Jahr 2020 ging der Anteil der Exporte am Weltinlandsprodukt allerdings nicht deutlich zurück. Die rhetorische Abgrenzung gegen die »Globalisten« (wie US-Präsident Donald Trump sich ausdrückte) bedeutet nicht, dass der erstarkende Wirtschaftsnationalismus eine Rückverlagerung der industriellen Produktion oder gar Autarkie anstrebt. Er zielt auf größere Anteile am Weltmarkt.

---

* Damit wächst die Gefahr eines großen oder vieler kleiner Kriege. Wirtschaftliche Verflechtung schützt nicht unbedingt vor militärischem Konflikt. Als der Erste Weltkrieg ausbrach, hatte der Welthandel gerade einen historischen Höchstwert erreicht. Es wäre also nicht das erste Mal, dass die Nationen zunächst eifrig Waren und dann eifrig Bomben austauschen. Aber das sind Spekulationen.

## Die weiteren Aussichten

Statt gegen eine Stagflation wie in den 1970ern stemmen sich die Regierungen mit immer neuen kreditfinanzierten »Hilfspaketen« gegen die Deflation und einen erneuten Absturz in eine Weltwirtschaftskrise. Banken und Zentralbanken haben riesige Mengen »dummes Geld« geschaffen, wie sich manche Händler*innen ausdrücken, das von einer Seite des Erdballs auf die andere schwappt. Bei jeder Erschütterung gerät es in Hysterie und muss beruhigt, notfalls gerettet werden.

Austerität und Schuldenabbau wurden zum Staatsziel erklärt und in Gesetze und zwischenstaatliche Verträge gegossen. Dennoch sind die Schulden so hoch wie nie zuvor. 2020 liegt die Verschuldung der USA – dem wichtigsten Absatzmarkt der Welt – drei Mal höher als das Bruttoinlandsprodukt des Landes. Die Privatisierung von Infrastrukturen erzeugt zwar nach wie vor Gewinne, aber ihr Ausschlachten und Verschleiß untergräbt mittlerweile wichtige gesellschaftliche Funktionen wie Mobilität, Bildung oder Krankenversorgung.

Ein Kern des neoliberalen Wachstumsmodells war der Kapitalexport. »Der Akkumulationsprozess hat die Bestrebung, überall … die Kapitalproduktion als die einzige und ausschließliche Produktionsweise in sämtlichen Ländern und Zweigen zur absoluten Herrschaft zu bringen«, schrieb Rosa Luxemburg Anfang des letzten Jahrhunderts.[62] Nun scheint kaum noch Platz für eine weitere Ausdehnung vorhanden zu sein (beziehungsweise: Konkurrenten anderer Nationalität sind bereits dort). Der Globus ist aufgeteilt, der Weltmarkt reicht bis in die letzten Winkel des Planeten. Die Spuren der menschlichen Arbeit finden sich als Plastikmüll in den Ozeanen und als Schwermetalle in arktischen Gletschern. Die Erdatmosphäre als Senke für die Treibhausgase erschöpft sich. Der strukturelle Raubbau im Agrarsektor verschärft die ökologische Krise und den Klimawandel.

Der späte Neoliberalismus wird eingeholt von den Folgen seiner eigenen Wachstumsstrategien: weltpolitische Instabilität, handelspolitischer Konflikt, ausgepowerte Bevölkerungen und ruinierte Infrastrukturen, die ökologische Krise inklusive des Klimawandels. »Wirtschaftswachstum als wichtigstes Mittel zur Überwindung ökonomischer Krisen schlägt mehr und mehr in ökologische Zerstörung um und wird zu sozial destruktivem Wachstum«, schreibt der Soziologe Klaus Dörre.[63] Der Neoliberalismus hat die Welt in eine Sackgasse gesteuert: Dekarbonisierung kostet zu viel, keine Dekarbonisierung kostet ebenfalls zu viel – was tun? Als Sinnbild für diese Situation taugt vielleicht ein Auto, das im Schlamm steckt und dessen Fahrer das Gaspedal bis zum Boden durchdrückt, wodurch der Wagen nur noch tiefer versinkt. Das System steckt in einer Sackgasse, es kann nicht vorwärts und nicht zurück. Selbst Wendemanöver sind gefährlich, auch weil die Insassen auf den hinteren Plätzen sich immer lauter beschweren. Dabei fehlt ihnen genauso die Orientierung wie den Lenkern am Steuerrad.

Wir befinden uns im Übergang, vielleicht auch in einem Niedergang. Das kommende Wachstumsmodell muss die ökologische Krise entschärfen. Aber ist der Kapitalismus dazu überhaupt in der Lage?

# 4.
# Warum der Kapitalismus nicht grün wird

Im vorangegangenen Kapitel wurde in Umrissen die Vorgeschichte der gegenwärtigen ökologischen und ökonomischen Krise beschrieben. Wie wird es weitergehen, kann sich der Kapitalismus aus der Sackgasse wieder befreien? Inwiefern ihn die ökologische Krise interessieren muss, ist umstritten. Im Folgenden soll plausibel werden, dass eine ökologische Modernisierung unter neoliberalen Verhältnissen ausgeschlossen und unter kapitalistischen Verhältnissen sehr unwahrscheinlich ist. Wir steuern auf einen chaotischen Zusammenbruch zu.

Zugegeben, eben das wurde schon oft angekündigt und ist ausgeblieben. Entsprechend sorgfältig muss diese These überprüft werden. Allerdings gilt das ebenso für die Gegenposition, nämlich das *unbegründete* Vertrauen in die langfristige Stabilität dieser Gesellschaft. Niemand kann in die Zukunft sehen, die Unmöglichkeit eines »Grünen Kapitalismus« lässt sich nicht abschließend beweisen. Immerhin können wir ermitteln, welche Voraussetzungen ein solcher nachhaltig wirtschaftender Kapitalismus erfüllen müsste und welche Schwierigkeiten er zu überwinden hätte.

Sie lauten, in aller Kürze: ein ökologisch reformierter Kapitalismus müsste weiterhin Wachstum ermöglichen und dennoch die Klimakrise entschärfen. Zu diesem Zweck müsste er Energiegewinnung, Treibstofferzeugung und agrarische Landnutzung innerhalb der planetaren Belastungsgrenzen betreiben. Dabei handelt es sich nicht nur um eine technische Herausforderung, sondern mehr noch um eine wirtschaftliche und politische. Opponierende Interessengruppen müssten entmachtet (oder wenigstens auf diese Linie verpflichtet) werden. Die Reformen müssten von nennenswerten Teilen des Kapitals, des Staates und ihrer Apparate mitgetragen werden. Die Reformer müssten zudem nicht nur auf nationaler Ebene, sondern auch im internationalen Staatensystem die Vorherrschaft erringen.

Sehen wir uns diese Voraussetzungen nacheinander an (und lassen uns dabei von Karl Marx beraten).

## Kreislauf und Spirale

Die Erde bildet ein System, das von der Sonne Energie empfängt. Fast alles auf diesem Planeten bewegt sich im Kreis. Wie das Wasser, das an der Meeresoberfläche verdunstet, sich zu Wolken sammelt, die zum Land treiben, wo sie als Regen niedergehen und dann mit den Flüssen ins Meer zurückkehren. »Vier chemische Elemente – Kohlenstoff, Wasserstoff, Sauerstoff und Stickstoff – machen das Gros aller lebenden Materie aus«, schreibt der US-amerikanische Umweltschützer Barry Commoner. »Sie bewegen sich in riesigen, ineinander verflochtenen Kreisläufen in den Oberflächenschichten der Erde: mal als Bestandteil der Luft und des Wassers, mal als Baustein eines lebenden Organismus, mal als Element eines Abfallprodukts und nach einer gewissen Zeit vielleicht als Mineralvorkommen oder fossiler Überrest.«[64] Die biogeochemischen Erdkreisläufe drehen sich mit unterschiedlicher Geschwindigkeit und unterschiedlicher räumlicher Ausdehnung. Bislang versteht die Wissenschaft ihr Zusammenspiel nur in groben Zügen.

Viele Kreisläufe führen durch den Stoffwechsel lebender Organismen. Auch wir Menschen sind nur eine Durchgangsstation. Der Kohlenstoff, den wir ausatmen, nährt Bäume, Gräser und andere Pflanzen. Ihre Photosynthese ist sozusagen eine umgekehrte Atmung, die Kohlendioxid wieder in Sauerstoff verwandelt. Die

Lebewesen auf der Oberfläche des Planeten bilden sozusagen ein unverzichtbares Makrobiom. Das Leben kann gar nicht anders, als sich in Kreis zu bewegen. Würde es sich um lineare Prozesse handeln, wäre die belebte Zeitspanne ziemlich kurz gewesen. Die Pflanzen hätten das vorhandene Kohlendioxid innerhalb von nur acht Jahrtausenden aufgebraucht. Der Stickstoff hätte immerhin für eine Million Jahre ausgereicht.

Auf diesen Strömen von Energie und Materie beruhen selbstverständlich auch kapitalistische Gesellschaften. Aber sie sind anders *gerichtet*. »Das Kapital durchläuft während seiner Reproduktion einen Zyklus, in dem es sich nicht einfach reproduziert, sondern auf erweiterter Stufenleiter, nicht einen Zirkel beschreibt, sondern eine Spirale«, erklärt Karl Marx.[65] Daher das Wort Akkumulation, von Anhäufen. Die Unternehmen müssen Kapital akkumulieren, um am Markt zu überleben. Die Konkurrenz zwingt sie dazu, ihre Produktion zu rationalisieren und profitabler als ihre Wettbewerber zu sein. Ihre Gewinne müssen sie wieder investieren und die Produktion ausweiten. Innovationen verschaffen ihnen für eine Weile überdurchschnittlichen Profit. Aber die Konkurrenz schläft nicht und übernimmt ihre Methoden, sodass der Vorsprung schnell wieder schmilzt. »Die Konkurrenz herrscht jedem individuellen Kapitalisten die immanenten Gesetze der kapitalistischen Produktionsweise als äußere Zwangsgesetze auf«, schreibt Marx. »Sie zwingt ihn, sein Kapital fortwährend auszudehnen, um es zu erhalten, und ausdehnen kann er es nur vermittelst progressiver Akkumulation.«[66]

Dieser Ablauf lässt den Energiebedarf wachsen. Denn um die Produktion rationeller zu machen, ersetzen die Unternehmen menschliche Arbeitskräfte durch Maschinen. »Die Kapitalakkumulation bedarf eines immer höheren Anteils an Maschinerie und technischer Ausstattung«, schreibt Bruno Kern. »Die kapitalintensivere Produktion und der entsprechende Konsum beschleunigen den Verbrauch von Energie und Rohstoffen.«[67] Deshalb mobilisiert eine Arbeitsstunde eines Beschäftigten immer größere Energiemengen und wandelt immer mehr Ressourcen um.

Der Rationalisierungszwang führt weiterhin zu einem anhaltenden Druck auf die Preise von Arbeit, Boden und Rohstoff. In etwas altertümlich anmutender Sprache erklärt Karl Marx: »Es ist der immanente Trieb und die beständige Tendenz des Kapitals, die Produktivkraft der Arbeit zu steigern, um die Ware und durch die Verwohlfeilerung der Ware den Arbeiter selbst zu verwohlfeilern.«[68] Indem die Waren, die von den Beschäftigten konsumiert werden, durch Rationalisierung günstiger werden, wird auch ihre Arbeitskraft günstiger.

Der besondere Nutzen einer Arbeit oder die Schädlichkeit des Hergestellten – sein »Gebrauchswert« – interessiert das Kapital nur, sofern sie den späteren Verkauf beeinflussen. »Gebrauchswerte werden überhaupt nur produziert, weil und sofern sie materielles Substrat, Träger des Tauschwerts sind.«[69] Natur ist bedeutsam, sofern sie verarbeitet wird und einen Preis hat.

Jede Produktion ist abhängig von natürlichen und gesellschaftlichen Voraussetzungen. Besonders deutlich wird dies im Fall der landwirtschaftlichen Produktion. Ein gepachtetes Stück Land ist überhaupt nur fruchtbar aufgrund der klimatischen und biologischen Kreisläufe, Wind, Niederschlag, Insekten und Bodenbakterien. Solche Ökosystemleistungen nutzen die Unternehmen gratis, und darin besteht ein Grund für die strukturelle Verantwortungslosigkeit des Kapitals. Die natürlichen Grundlagen des Lebens tauchen in den Kalkülen der Unternehmen nicht auf. Die Volkswirtschaftslehre spricht von »externen Effekten« oder »Externalitäten« – Folgen der Produktion, von denen die Produzenten selbst nicht betroffen sind. Die natürlichen biogeochemischen Kreisläufe zu erhalten, liegt nur dann im Interesse eines Unternehmens, wenn diese Kreisläufe die Warenmenge oder ihre Vermarktbarkeit betreffen. Am Wasser eines Flusses interessiert das ortsansässige Chemieunternehmen, ob es kühl genug ist, um die Anlagen zu kühlen.

Für Boden und Arbeit bezahlen die Unternehmen dagegen. Sie erwerben Nutzungsrechte für vertraglich geregelte Nutzungszeiten. Innerhalb der (immer unvollständigen) umwelt- und arbeitsrechtlichen Bestimmungen können sie dieses Recht nach Belieben ausüben. Für die langfristige Erhaltung der Beschäftigten und des Bodens – ihre »Reproduktion« – sind sie nicht verantwortlich (so wenig wie für die Herstellung der grundlegenden kostenlosen Produktionsbedingungen). Die Folgen durch die Inanspruchnahme von Arbeit und Boden dauern aber häufig länger an als die Nutzungszeit, und eine lokale Produktion kann sich regional oder, wie im Fall der Treibhausgase, sogar global auswirken.

## Kapitalistische Zeit und ökologische Regeneration

Das Kapital muss die Umschlagszeit der Waren so weit wie möglich beschleunigen, um der Konkurrenz zuvorzukommen. Aber vieles im Erdsystem braucht lange, um sich zu regenerieren. Die Kreisläufe müssen an ihren Ausgangspunkt zurückkehren. Das Kapital kann so lange nicht warten. Die geplante Art und Dauer der Nutzung entscheiden darüber, wie viel Zeit dem Boden, einem Waldstück oder Gewässer eingeräumt wird. Die Landwirtschaft ist ein eindringliches Beispiel dafür, wie unterschiedliche Zeitdauern aufeinander prallen. Je nach Klimazone bildet sich zwischen einem bis zweieinhalb Zentimetern neuer Humusschicht *pro Jahrhundert*. Die industrielle Landwirtschaft orientiert sich stattdessen an Quartalszahlen. Sie ersetzt Humus durch Mineraldünger, teilweise sogar die Erde durch Steinwolle oder Kokosfasern. Innerhalb von Wochen verbraucht sie fossile Energieträger, die über Millionen Jahre entstanden sind.

Während Ressourcen begrenzt sind, ist die kapitalistische Akkumulation prinzipiell unersättlich. Absatzmärkte müssen ausgedehnt und neue Märkte erobert werden. Genug ist niemals genug, daher eine rastlose und unaufhörliche Suche nach mehr

Nachfrage und mehr Nachschub. Die Arbeit formt immer mehr Material um (und hinterlässt entsprechend immer größere Mengen Abluft, Abwasser und Schadstoffe). Die kapitalistische Wirtschaftsweise »unter dem objektiven Zwang zur Profitanhäufung und Kapitalverwertung (muss) die natürlichen Ressourcen in prinzipiell grenzenlos vermehrbaren Geldwerten ausdrücken und damit deren Endlichkeit ignorieren«.[70] Aber dem Erdsystem wird nichts hinzugefügt, solange wir keine anderen Planeten ausbeuten können. Nichts verschwindet, solange wir unsere Abfälle nicht ins Weltall schießen, was uns außerirdische Lebewesen übel nehmen könnten.*

Auf dieser sehr allgemeinen Ebene zeigt sich bereits, wie schlecht kapitalistische Produktion und die Kreisläufe des Erdsystems zueinander passen. Das Kapital bewegt in einer Spirale nach oben, die Natur im Kreis. Das Kapital muss beschleunigen, aber in der Natur braucht alles seine Zeit. Das Kapital muss wachsen, aber die Natur umfasst bereits alle Materie.

## Wachstum, Wachstum über alles

Die fortgesetzte Akkumulation des Kapitals treibt das Wirtschaftswachstum an. Dabei handelt es sich nicht um einen Nebenaspekt dieser Gesellschaft. Wie ein Fahrrad oder ein Flugzeug nur in Bewegung stabil gehalten werden kann, ist stetiges Wachstum die Voraussetzung dafür, dass sich kapitalistische Gesellschaften erhalten

---

* Ulrich Ruschig beschreibt diese eigentümliche Einheit von völliger Ignoranz und völliger Abhängigkeit folgendermaßen: »Das Kapital benutzt die ihm entgegengesetzte Natur und macht die natürlichen Gegenstände und insbesondere die Lebewesen zu Momenten seines Prozessierens. … Dieser Widerspruch hat seine Verlaufsform (oder sein Prozessieren) darin, dass der *unendliche* Prozess der Kapitalverwirklichung sich in einem *endlichen* Material *verwirklicht* und *verwirklichen* muss.« (Ulrich Ruschig (2020) Die Befreiung der Natur: Zum Verhältnis von Natur und Freiheit bei Herbert Marcuse. Köln. S. 109. Hervorhebung im Original.)

können. Wie eine merkwürdige Maschine, die auseinanderfällt, sobald sie zum Stillstand kommt.

In Deutschland gehört das »stetige und angemessene Wirtschaftswachstum« sogar zu den Staatszielen von Verfassungsrang.[71] »Wachstum ist nicht alles, das ist wahr. Aber ohne Wachstum ist alles nichts«, formulierte einmal Angela Merkel, damals die Vorsitzende der CDU. »Ohne Wachstum keine Arbeitsplätze; ohne Wachstum keine Sanierung der sozialen Sicherungssysteme; ohne Wachstum sinkender Wohlstand …«[72]. Ergänzen ließe sich: ohne Wachstum liegen Kapazitäten in den Betrieben brach. Steuereinnahmen gehen zurück, deshalb nehmen die Finanzmittel ab, über die der Staat verfügen kann. Schrumpfung erschüttert die politische Stabilität (und damit übrigens auch die Position von Parlamentarier*innen). Bankkredite platzen und Unternehmen gehen bankrott. Die Arbeitslosigkeit steigt, Arbeitskämpfe nehmen zu.

Nur Wirtschaftswachstum öffnet Verteilungsspielräume, sodass mehr oder weniger große Bevölkerungsgruppen an einem hohen Lebensstandard partizipieren können. Dieser Umstand wird selbst in der sozusagen regierungsoffiziellen Literatur angesprochen. »Viele Ökonomen weisen darauf hin, dass ohne Wirtschaftswachstum Umverteilung nicht mehr aus dem Zuwachs an materiellem Wohlstand erfolgen könne, sondern aus der bestehenden Substanz entnommen werden müsse«, heißt es in einem Gutachten des Wissenschaftlichen Beirats der Bundesregierung Globale Umweltveränderungen (WBGU).[73] »Dies würde Verteilungskonflikte und in jedem Fall Verlierer dieser Konflikte mit sich bringen.«

Der Wachstumszwang entsteht aus der Unternehmenskonkurrenz, aber die Konkurrenz zwischen den Nationalstaaten wirkt ähnlich. Ein stockendes Wachstum bedroht die eigene Stellung im internationalen Staatensystem. Es vermindert die Staatseinnahmen und damit die Handlungsfähigkeit nach innen und außen. In diesem System sind Macht und Reichtum untrennbar miteinander verflochten.

## Risse im Erdsystem

Menschen haben immer schon in die planetaren Kreisläufe eingegriffen, Bäume gefällt und Flüsse umgeleitet. Möglicherweise haben schon Jäger-und-Sammler-Gesellschaften Tiere und Pflanzen ausgerottet. Mit der sesshaften Landwirtschaft erreichte die Naturaneignung eine neue Qualität und Eingriffstiefe. Der Paläoklimatologe William Ruddiman behauptet sogar, dass die neolithische Revolution eine eigentlich überfällige Kaltzeit bis heute verhindert hat. Durch Entwaldung, Viehhaltung und Reisanbau seien Methan und Kohlendioxid freigesetzt worden, die den natürlichen Treibhauseffekt verstärkt hätten.[74]

Auch das imperiale Römische Reich war alles andere als nachhaltig. Wälder rund ums Mittelmeer wurden abgeholzt, um Schiffe zu bauen und Weideflächen anzulegen. Die Entwaldung führte dazu, dass die Niederschläge im Sommer zurückgingen und die Böden karg wurden: Schon die alten Römer veränderten das Klima!

Dennoch blieb der menschliche Eingriff in das Erdsystem bis zur Entstehung des Kapitalismus begrenzt. Er drohte niemals, planetare Kreisläufe zu überwältigen oder entgleiten zu lassen, schon weil die Menschheit zu klein war und sie niemals entsprechende Energiemengen mobilisieren gekonnt hätte. Erst seit Dampfmaschinen Kohle in Bewegungsenergie verwandeln, destabilisiert der Mensch das Erdsystem auf gefährliche Weise.

Die natürliche Fruchtbarkeit des Bodens (samt der Kulturtechniken, um sich seine Früchte anzueignen) blieb aber noch in den frühen bürgerlichen Gesellschaften eine Voraussetzung für das Wirtschaftswachstum (und in gewisser Weise ist sie dies bis heute). Klassiker des ökonomischen Denkens wie Adam Smith, John Stuart Mill oder David Ricardo gingen daher wie selbstverständlich von »Grenzen des Wachstums« aus. Weil die Zuwächse der landwirtschaftlichen Produktion langfristig sinken, glaubten sie, müsse die Rate der Profite und die Akkumulation abnehmen und schließlich ein »stationärer Zustand« eintreten.

Die Arbeit auf den Feldern musste produktiver werden, um eine wachsende Bevölkerung zu ernähren, die nicht mehr selbst das Land bearbeitete. Sonst würden die Erträge abnehmen und Nahrungsmittel müssten aus dem Ausland eingeführt werden. Daher beherrschte die Erschöpfung des Bodens die wirtschaftspolitische Debatte im späten 18. und frühen 19. Jahrhundert.[75] Da eilte die chemische Wissenschaft zu Hilfe. Sie entwickelte neue Düngemethoden, mit denen die Ernten gesteigert werden konnten. Grundlegende Beiträge dazu leistete der deutsche Chemiker Justus Liebig. Er entdeckte, dass die Bodenfruchtbarkeit auf den Nährstoffkreisläufen von Nitrat, Phosphor und Kalium beruht.* »Wenn ein Boden seine Fruchtbarkeit dauernd bewahren soll, so müssen ihm nach kürzerer oder längerer Zeit die entzogenen Bodenbestandteile wieder ersetzt werden«, heißt in Liebigs »Agrikulturchemie« von 1865. Zum ersten Mal musste sich die Landwirtschaft vorwerfen lassen, den Boden auszulaugen: »Eine solche Wirtschaft trägt mit Recht den Namen einer Raubwirtschaft.«[76]

Karl Marx beschäftigt sich mit der zeitgenössischen Agrardebatte und den Theorien Liebigs. »Stoffwechsel« und »Raubbau« sind zentrale Begriffe in seinem Denken, auch wenn die ökologische Frage keine zentrale Rolle für ihn spielte.[77] Dennoch untersuchte er den Gegensatz zwischen Stadt und Land und seine Folgen für die natürlichen Kreisläufe. Das Kapital, schreibt er, reduziere die Landbevölkerung »auf ein beständig sinkendes Minimum und setzt ihr eine beständig wachsende, in großen Städten zusammengedrängte Industriebevölkerung entgegen«. Justus Liebig habe gezeigt, dass diese Form der Landwirtschaft auf Raubbau beruhe. So entstehe »ein unheilbarer Riss … in dem Zusammenhang des gesellschaftlichen und durch die Naturgesetze des Lebens vorgeschriebenen Stoffwechsels«, durch den »die Bodenkraft verschleudert und diese Verschleuderung durch den Handel weit über die Grenzen des eignen Landes hinaus getragen« werde.[78]

* Allerdings erkannte er nicht, dass eine Etappe dieser Kreisläufe auf den Bakterien und Pilzen im Boden beruht, die als Destruenten die Nährstoffe umsetzen.

## Gefährliche Kreislaufstörung

Ein Riss im Stoffwechsel von menschlicher Gesellschaft und ihren natürlichen Grundlagen. Eine Art chronische Stoffwechselstörung. Mit Hilfe dieser Begriffe lässt sich der gegenwärtige Zusammenhang von Klimakrise und kapitalistischer Produktionsweise besser verstehen. Der Riss zwischen Land und Stadt (Peripherie und Metropole) hat sich über den Erdball ausgebreitet. Durch sinkende Transportkosten entstanden globale Stoffkreisläufe. Mastfutter aus Südamerika wird über den Atlantik nach Mitteleuropa gebracht und dort von Kühen gefressen, ihr Kot wiederum abtransportiert und entsorgt, ihr Fleisch nach Westafrika exportiert. Diese Kreisläufe rund um den Globus werden mit fossilen Energieträgern in Gang gehalten und setzen daher Kohlendioxid frei.*

Das Ende einer Lieferkette bedeutet bekanntlich nicht gleichzeitig das Ende des verarbeiteten Materials. Stoffe reichern sich in der Umwelt an, beispielsweise Mikroplastik im Meer, weil Verpackungen zerrieben und zersetzt werden.** Solche Kreisläufe sind nur möglich, weil – und solange! – die Umwelt als Senke diese Stoffe aufnimmt und langfristig wieder in ihre Kreisläufe überführt. Die Troposphäre dient als Senke für Kohlendioxid, aber sie erfüllt diese Funktion immer schlechter.

Die Agrarkrise im 19. Jahrhundert wurde wissenschaftlich-technisch gelöst, Stickstoffdüngung löste vorübergehend das Problem der sich erschöpfenden Bodenfruchtbarkeit. Aber auch der Stickstoffkreislauf gerät zunehmend unter Druck. Die Pflanzen auf den Äckern können den Dünger oft nicht vollständig aufnehmen. Er

* Manche industriellen Stoffkreisläufe ließen sich wieder schließen. Die sogenannte Bioökonomie versucht, agrarisch angebaute und biologisch wieder abbaubare Materialien zu verwenden. Allerdings würde der massenhafte Einsatz dieser Werkstoffe oft zu einem Mehrbedarf an Energie führen oder andere ökologische Folgeschäden mit sich bringen.

** Fluorierte Alkyl-Verbindungen (PFAS) beispielsweise tragen den Spitznamen »ewige Chemikalien« oder »Forever-chemicals«, weil ihre Halbwertszeit im Boden unter Umständen mehr als ein Jahrtausend beträgt.

sinkt in den Boden oder gelangt in Gewässer, wo er Algen wachsen lässt, die anderen Lebewesen den Raum streitig machen. Stickstoff in den Exkrementen aus der Tierhaltung wird von Flüssen ins Meer transportiert. Die Menge, die Flüsse in den Ozean verfrachten, hat sich seit 1970 verdoppelt. Zusätzlicher Stickstoff führt im Meer zu Versauerung und Nährstoffüberversorgung (Eutrophierung), deshalb verbreiten sich sauerstoffarme Zonen. Der Riss im Stoffwechsel zwischen den Menschen und ihren natürlichen Lebensgrundlagen lässt die Ungleichgewichte wachsen. Was an einem Ort fehlt, ist anderswo zu viel. Nährstoffe werden zu Gift.

Dieses Problem bereitete schon im 19. Jahrhundert Justus Liebig und Karl Marx Kopfzerbrechen. »Jedes Land muss verarmen, wenn die Bevölkerungen die sich in den Städten anhäufenden Produkte der Stoffwechsel nutzlos verloren gehen lassen«, warnte Justus Liebig. »Die Bedingungen der Fruchtbarkeit aller Länder verschwinden in den Kloaken Londons.«[79] Ganz ähnlich Karl Marx im dritten Band des »Kapitals«: »Die Exkremente der Konsumtion sind am wichtigsten für die Agrikultur. In Beziehung auf ihre Verwendung findet in der kapitalistischen Wirtschaft eine kolossale Verschwendung statt«, schreibt er empört. »In London zum Beispiel weiß sie mit dem Dünger von viereinhalb Millionen Menschen nichts Besseres anzufangen, als ihn mit ungeheuren Kosten zur Verpestung der Themse zu gebrauchen.«[80]

## Ein neues Erdzeitalter?

Die Erdsystem-Theoretiker sprechen von einer »großen Beschleunigung«, die nach Ende des Zweiten Weltkriegs einsetzt. Wird der Verlauf graphisch dargestellt, ähneln die Materialströme einem Hockeyschläger: ein gestreckter Stab, der lange Zeit kaum breiter wird, um dann plötzlich nach oben zu schießen. Das bekannteste Beispiel für eine solche Hockeyschläger-Kurve sind die freigesetzten Treibhausgase. Dasselbe Muster zeigen aber auch die Methankonzentration in der Atmosphäre, die Abholzung von tropischen Wäldern, der weltweite Wasserverbrauch, der Einsatz mineralischer Dünger, die Papier- und Ammoniakproduktion*, die Zahl internationaler Reisen und motorisierter Fahrzeuge, Garnelen in Aquakultur und Hühnern in Zuchtanlagen. Sie alle erfuhren ein geradezu explosionsartiges Wachstum seit etwa 1950.**

Dieser Zeitpunkt ist kein Zufall. Die Beschleunigung setzte ein, weil in der Nachkriegsphase auch die Arbeiter*innen immer mehr Ressourcen und Energie verbrauchten. Die Entfernung zwischen Wohnort und Arbeitsplatz wuchs, neue Siedlungen wurden gebaut. Die Geburtenraten stiegen (*Babyboom* bis Ende der 1960er). Die Beschäftigten kauften Autos, um damit zur Arbeit und zurück zu pendeln. Sie bezogen Einfamilienhäuser, die sie mit Haushaltsgeräten (»weiße Ware«) und Kindern bestückten. Die Überwindung der Krise in den 1970er Jahren vertiefte den Zusammenhang von Massenkonsum und Ressourcenverbrauch und schuf unter anderem neue Märkte für Fernreisen und neue Dienstleistungen. Der menschliche Eingriff in die biogeochemischen Kreisläufe des Planeten erreichte eine *neue Qualität*.

Für anhaltendes Wirtschaftswachstum müssen immer mehr Energie und Ressourcen mobilisiert werden. Eine gleichbleibende jährliche Wachstumsrate bedeutet »exponentiellen Zuwachs«. Um ein anschauliches Beispiel zu geben: Wenn eine Fahrradproduktion von 100 Stück um 2 Prozent wachsen soll, dann müssen im über-

* Die Produktionsmenge dieses Grundstoffs der chemischen Industrie wuchs von einer Million im Jahr 1947 auf 130 Millionen im Jahr 2007. Angeblich entstehen heute bei der Herstellung dieser Chemikalie 3 Prozent der jährlichen globalen $CO_2$-Emissionen. Vgl. Sebastian Wismann et al. (2019): Electrified methane reforming: A compact approach to greener industrial hydrogen production. In: Science, 24. Mai 2019. Band 364, Nr. 6442. S. 756-759.

** Allerdings knickt die Kurve, die das Fangvolumen von Meeresfisch darstellt, mit dem Jahr 2001 ab. Keine gute Nachricht: »Es zeigt die zunehmende Erschöpfung der weltweiten Fischbestände an, was einen Wechsel von Wildfang zum Zuchtfisch mit sich brachte. Mittlerweile wird die Hälfte des globalen Fischkonsums durch Zuchtfisch gedeckt.« Vgl. Ian Angus (2020): Im Angesicht des Anthropozäns. Klima und Gesellschaft in der Krise. Münster. S. 49.

nächsten Jahr nicht nur zwei weitere Fahrräder, sondern 2,04 Fahrräder hergestellt werden. Klingt harmlos. Nach zwanzig Jahren sind es 148 Fahrräder, nach 35 Jahren hat sich die Produktion verdoppelt. Zwischen 1850 und 1950 mobilisierten die Menschen etwa halb so viel Energie wie all ihre Vorfahren während der vorangegangenen Jahrtausende.* Zwischen 1990 und 2000 wurde ebenso viel Energie umgewandelt wie seit den Anfängen der Zivilisation bis zum Jahr 1850.[81] Wirtschaftshistoriker gehen davon aus, dass die Weltwirtschaft seit 1750 durchschnittlich um 2,5 Prozent jährlich gewachsen ist. Das entspricht dem 786-Fachen des Ausgangswerts.[82] Der Geograph David Harvey betont die räumliche Dimension dieser Entwicklung: »Als der Kapitalismus im Jahr 1750 aus den ökonomischen Aktivitäten in einem Radius von 80 Kilometern um Manchester und Birmingham herum bestand, schien eine endlose Kapitalakkumulation mit einer Wachstumsrate von drei Prozent kein großes Problem darzustellen. Aber stellen wir uns nun endloses exponentielles Wachstum vor, das nicht nur alle Vorgänge in Nordamerika, Australien und Europa erfasst, sondern auch Ost- und Südost-Asien, außerdem Indien und den Nahen Osten, Lateinamerika und bedeutende Teile Afrikas.«[83]

Heute werden gut 40 Prozent der eisfreien Oberfläche des Planeten landwirtschaftlich genutzt. Die Landwirtschaft stellt den größten Naturraum von allen dar, sie übertrifft die Steppen, Regenwälder und Wüsten. In diesem riesigen Gebiet wird die Artenvielfalt niedrig gehalten. Tierhaltung und Ackerbau wurden im vergangenen Jahrhundert weitgehend auseinandergerissen und räumlich konzentriert. Ein Viertel der Landmasse dient als Weide. Schätzungen besagen, dass die Biomasse der Nutztiere fast drei Viertel der Biomasse der Tiere insgesamt ausmacht.[84]

---

* Solche Zahlenspiele sind natürlich mit Vorsicht zu genießen: Ab wann lassen wir die Menschheit beginnen? Wie veranschlagen wir die zahllosen Lagerfeuer in den Jahrtausenden vor der neolithischen Revolution? Diese Schätzungen sollen lediglich verdeutlichen, dass der Energieumsatz immer schneller anstieg und dies eine notwendige Bedingung für das kapitalistische Wachstum darstellte.

Seit Mitte des 20. Jahrhunderts formt der Mensch die Biosphäre grundlegend um. Dafür steht der Begriff des Anthropozäns, das »Zeitalter des Menschen«, den der Geowissenschaftler Paul Crutzen prägte. Der Ausdruck wanderte aus der Wissenschaft in die breite Öffentlichkeit, wo er gründlich missverstanden wurde. Anthropozän im Sinne Crutzens bedeutet, dass die Rückstände der menschlichen Produktions- und Lebensweise in den Gesteinsschichten des Planeten dominieren. Keine Wildnis ist mehr unerforscht, jedes Hinterland erschlossen. »Die menschlichen Aktivitäten sind zu einer vollständig einbezogenen, interagierenden Komponente des Erdsystems geworden.«[85]

Der Agrarwissenschaftler Johan Rockström veröffentlichte im Jahr 2009 eine nützliche Analyse der »Belastungsgrenzen des Erdsystems«: der Klimawandel, die Versauerung der Ozeane, die sinkende biologische Vielfalt, der Eintrag von Stickstoff und Phosphor in die Biosphäre, die Gefährdung der Ozonschicht, die Übernutzung von Land und Trinkwasser und die Verschmutzung durch Nanomaterialien und Mikroplastik. »Wenn diese Schwellen überschritten werden, dann werden wichtige Subsysteme wie das Monsun-System in einen neuen Zustand übergehen, mit schädlichen und möglicherweise sogar katastrophalen Folgen für die Menschen.«[86]

Laut dieser Bestandsaufnahme der ökologischen Krise sind nur zwei von sieben Belastungsgrenzen noch nicht überschritten.* Die Probleme sind zudem miteinander verbunden. »Wir haben nicht den Luxus, unsere Anstrengungen nur isoliert auf einzelne planetare Grenzen konzentrieren zu können«, betont Johan Rockström. »Wenn eine Grenze überschritten ist, dann sind auch die anderen ernsthaft in Gefahr. So kann zum Beispiel die umfangreiche Verän-

* Nämlich die Süßwasser-Regeneration und die Aufnahmefähigkeit der Ozeane für Kohlendioxid. Laut Rockström geht die größte Gefahr vom Artensterben und der Überlastung des Stickstoffkreislaufs aus. Die Gefahren durch neue Materialien und die Aerosol-Konzentration in der Atmosphäre lassen sich laut Rockström bisher nicht abschätzen.

derung der Landnutzung am Amazonas sogar die Wasserressourcen in Tibet beeinflussen.«[87]

Planetare Kreisläufe, planetare Verwerfungen – wer soll sich um sie kümmern? Erdsystemforscher*innen und Klimawissenschaftler*innen (einschließlich Paul Crutzens und Johan Rockström) schließen daraus, die Menschen seien zu »Hütern des Erdsystems« geworden, die sich an den wissenschaftlich ermittelten Belastungsgrenzen orientieren müssten. »Ein wirksames System planetarer Verantwortung muss schnell erreicht werden«, schreiben sie. »Die Stoßkraft des Anthropozäns droht, das komplexe Erdsystem aus dem zyklischen Muster aus Eis- und Warmzeiten zu stoßen, innerhalb dessen der *Homo sapiens* entstanden ist und sich entwickelt hat. Ohne ein solches System droht das Anthropozän für die Menschheit zu einer Reise ohne Rückfahrkarte zu werden in eine unsichere Zukunft mit einem neuen, aber sehr verschiedenen Zustand des Erdsystems.«[88]

## Warten auf die große Entkopplung

Die planetaren Belastungsgrenzen werden nicht straflos überschritten. Aber die Weltwirtschaft muss weiter expandieren, mehr Energie umsetzen, mehr Land bewirtschaften, mehr Rohstoffe verarbeiten. Das Kapital frisst sich durch die Welt, verwandelt Energie und Materie in Geld und lässt hinter sich Verwüstung zurück. Aber muss das überhaupt so sein? Kann die Wirtschaft nicht auch wachsen, ohne mehr Ressourcen zu verbrauchen und mehr Schadstoffe auszubringen?

Der Ausweg aus dem Dilemma wird Entkopplung genannt. Die Wirtschaft wächst weiter, aber ohne mehr fossile Energie aufzuwenden (Dekarbonisierung) und mehr Ressourcen zu verbrauchen. Parteien, Unternehmen und ihre Verbände, internationale Organisationen wie die Weltbank und der Internationale Währungsfonds und Teile der Wissenschaft propagieren »grünes Wachstum«. Linke wie Rechte halten geradezu verbissen an der Möglichkeit des Entkoppelns fest. »Ökonomisch betrachtet ist Wachstum schlicht die Zunahme der Wirtschaftsleistung in einem bestimmten Zeitraum«, betont auch der linke Autor und Blogger Jens Berger. »Einen wie auch immer gearteten direkten Zusammenhang mit einem Mehrverbrauch nicht regenerativer Rohstoffe gibt es nicht.«[89]

Das ist theoretisch richtig, aber empirisch falsch. Der ökonomische Wirkungsgrad der Energie* ist zwar in einigen Ländern eine gewisse Zeit lang gefallen, aber das genügt nicht. »In Industrieländern kann man beobachten, dass nach beeindruckenden Steigerungen der Energieeffizienz ab Mitte der 1970er-Jahre (um 1,3 Prozent jährlich) keine weiteren Effizienzerfolge mehr erzielt werden konnten. (...) In Deutschland und in der Euro-Zone insgesamt ist seit etwa dem Jahr 2000 eine Stagnation zu beobachten, in Japan sogar schon seit den 1970er-Jahren. Chinas Energieeffizienz verbesserte sich in den 1980er- und 1990er-Jahren in hohem Tempo, doch seit 2002 ist wieder ein Rückgang zu verzeichnen.«[90] Bisher hängen Wachstum und Energieaufwand / Treibhausgase eng zusammen.

Wenn Wirtschaftswachstum und Energieaufwand auseinanderstrebten, handelte es sich fast immer um eine *relative Entkopplung.*** Der Verbrauch von Energieträgern (und damit auch die Abgase) wuchs weiter, nur eben nicht mehr so schnell wie die Wirtschaft. Für ein wirklich nachhaltiges Wachstum müsste der Energieum-

* Die Kohlenstoffintensität (oder allgemeiner die Energieintensität) drückt aus, wie viele Tonnen Kohlendioxid (beziehungsweise Energie) für eine Einheit des Bruttoinlandsprodukts aufgewandt wird. Der Wert wird auch in Kohlenstoff-Äquivalenten angegeben. Der Ressourcenverbrauch wird mit sehr unterschiedlichen Verfahren gemessen.

** Die bisher wohl gründlichste Studie aus dem Jahr 2020 berichtet, dass »Bruttoinlandsprodukt und der Verbrauch primärer Energie« sich langfristig parallel entwickeln, wobei »die Richtung der Kausalität nicht klar ist«. Vgl. Helmut Haberl et al. (2020): A systematic review of the evidence on decoupling of GDP, resource use and GHG emissions, part II: synthesizing the insights. In: Environental Research Letters. Jg. 15, 11.6.2020. S. 4. Eigene Übersetzung.

satz *absolut* sinken – und zwar genug, um den anthropogenen Treibhauseffekt zu bremsen. Aber eine Auswertung der verfügbaren Studien aus dem Jahr 2019 stellte fest: »Es existieren keine empirischen Belege für eine absolute, globale, anhaltende, ausreichend schnelle und ausreichend umfassende Entkopplung von Umweltbelastungen (sowohl bezüglich der Ressourcen als auch der Folgen).«[91]

Auch wenn die Kohlenstoffintensität des Wachstums in einzelnen Ländern zeitweise sank, wuchs die THG-Konzentration weiter. Nur wenn die Weltwirtschaft schrumpfte, verlangsamte sich der Ausstoß. Aber bekanntlich verfügt kein Land über seine eigene Atmosphäre. Die bisherigen Beispiele für eine erfolgreiche nationale (relative) Entkopplung scheinen eng mit dem Strukturwandel zusammenzuhängen.[92] »Die hoch entwickelten industriellen Ökonomien wachsen stärker durch Sektoren wie Banken, Versicherungen, Datenverarbeitung, Forschung und Entwicklung, Verkauf und Lizenzvergabe von Patenten als beispielsweise durch Bergbau und Stahlproduktion«, betont Bruno Kern. »Aber das ist ein Nullsummenspiel. Ihre Bilanz – nämlich das Verhältnis von Energie- und Rohstoffinput zum BIP - kann dadurch zwar besser aussehen, aber die Bilanz der Weltwirtschaft bleibt unverändert.«[93] Wenn der Anteil von Dienstleistungen am Sozialprodukt wächst, wird in der Regel energieintensive Produktion ins Ausland verlagert.

## Weniger Ressourcenverbrauch durch Wachstum?

Eine Variante der These von der Entkopplung zielt auf die Möglichkeit, auf einem höheren wissenschaftlich-technischen Niveau umwelt- und ressourcenschonender zu produzieren. Bis zur Jahrtausendwende vertrat die Wirtschaftswissenschaft ziemlich einhellig die Ansicht, dass die ökologischen Probleme sich durch Wirtschaftswachstum langfristig in Wohlgefallen auflösen. Zwar nähmen Ressourcenverbrauch und Umweltbelastung zunächst zu, aber dann sänken sie zuverlässig wieder. So argumentiert auch der Blogger Jens Berger: »Je fortschrittlicher eine Volkswirtschaft ist, desto geringer ist in der Regel auch der Rohstoff- oder Ressourceneinsatz, der indirekt mit dem Wirtschaftswachstum einhergeht.«[94]

Es lassen sich Beispiele für diesen Verlauf finden – aber ebenso viele Gegenbeispiele! Er beruht nicht auf einer Gesetzmäßigkeit.* Der Ressourceneinsatz sinkt, wenn eine Volkswirtschaft am Ende von internationalen Wertschöpfungsketten steht und ihre Emissionen ins Ausland verlagern kann. So hört die Abholzung von Wäldern auf (oder verlangsamt sich wenigstens), sobald das Land Agrar- und Forstprodukte über den Weltmarkt einführt.[95] Aber auch hier entscheidet die globale Bilanz, nicht die nationale.

In der internationalen Arbeitsteilung spielen die Nationen unterschiedliche Rollen. Manche verfügen über Rohstoffe oder Agrarprodukte, die sie exportieren. Manche stellen Vorprodukte oder einfache Waren für den Weltmarkt her. Andere stehen an der vordersten Front der wissenschaftlich-technologischen Entwicklung. Mit dieser Rollenverteilung gehen jeweils besondere ökologische Belastungen einher. Gemeinsam verdichten sie sich zu planetaren Belastungen wie Ozeanversauerung, Artensterben oder Klimawandel. In der funktionalen Hierarchie des Weltmarkts können nicht alle Länder oben stehen, so wie in einer Fahrradrikscha nicht alle im Sessel sitzen können.

In seinem Plädoyer gegen die »Verteufelung des Wachstums« argumentiert Jens Berger: »Wenn mehr Lehrer und Dozenten eingestellt werden, erzeugt dies Wachstum. Wenn der Personalschlüssel in der Kranken- und Altenpflege verbessert wird, erzeugt dies Wachstum. Wenn mehr Menschen einen Musikdienst wie *Spotify*

---

* Eine Metastudie zu Luftverschmutzung aus dem Jahr 2002 kommt zu dem Fazit: »Es gibt wenig empirische Belege dafür, wenn überhaupt, dass Schadstoffe in der Luft – die Belastung durch Schwefeldioxid, Rauch und Schwebstaub dieser angenommen Entwicklung entspricht.« Vgl. William Harbaugh / Arik Levinson / David Wilson (2002) Reexamining the Empirical Evidence for an Environmental Kuznets Curve. In: The Review of Economics and Statistics, August 2002, 84(3). S. 541-551, hier S. 549. Eigene Übersetzung.

abonnieren, ins Kino gehen, sich ein Computerspiel kaufen oder ins Restaurant gehen, erzeugt dies Wachstum. Dieses Wachstum hat aber nichts mit einem direkten – und nur sehr, sehr wenig mit einem indirekten – Mehrverbrauch an Ressourcen zu tun.«

Diese Form der Entkopplung setzt nicht auf einen höheren Wirkungsgrad bei der Warenproduktion, sondern auf den Strukturwandel, weil Dienstleistungen weniger energieintensiv hergestellt werden als andere Waren. Aber diese Beispiele überzeugen nicht. Pflegekräfte kommen mit dem Auto zur Arbeit, benutzen Medikamente und Zellstoffunterlagen und drehen die Zentralheizung hoch, wenn es kühl wird. Viele Dienstleistungen sind nur die letzte Station in einer Produktionskette, bei der möglicherweise wenig $CO_2$-Emissionen anfallen, die aber ohne die energieintensiven Stationen vor ihnen unmöglich wären. So wie die Gastronomie, die letztlich bis zurück auf den Acker reicht.

Eine absolute Entkopplung entspräche einer *Dematerialisierung des Wirtschaftswachstums*, einer »Entstofflichung«. Kein Zufall, dass Jens Berger neben Altenpflege und Schulen die Internetwirtschaft anführt, versinnbildlicht am Musikstreaming-Anbieter *Spotify*. Die Digitalisierung soll eine zukünftige Entkopplung plausibel machen. So argumentiert auch der Sachbuchautor und MIT-Wissenschaftler Andrew McAfee: »Wir erfanden den Computer, das Internet und diverse andere digitale Technologien, die uns unseren Konsum dematerialisieren ließen. Diese Technologien machten es möglich, dass wir immer mehr konsumieren, während wir zugleich dem Planeten immer weniger Rohstoffe entnehmen … weil Materie durch Bits ersetzt wird.«[96]

In Wirklichkeit ersetzen Bits nur dann Materie, wenn ein Prozess mithilfe von Digitaltechnik durch einen weniger energieintensiven Prozess ersetzt wird. Das ist beispielsweise der Fall, wenn eine Geschäftsreise ersetzt wird durch eine Online-Konferenz. Es ist nicht der Fall, wenn das Spielen auf dem Fußballplatz durch das Tippen auf der Computerspiel-Konsole ersetzt wird! Bits benötigen Materie – handgreifliche Endgeräte, Glasfaser- und Stromnetze und Internetserver.* Laut einer Schätzung des Wuppertal Instituts für Klima, Umwelt, Energie verursachen Internet und Endgeräte in Deutschland etwa 33 Millionen Tonnen $CO_2$-Emissionen im Jahr, so viel wie der innerdeutsche Flugverkehr![97] Weltweit liegt der Anteil des Internet am Elektrizitätsbedarf bei zehn Prozent.[98] Der digitale Handel mit Kryptowährungen (Bitcoin etc.) – überwiegend Spekulation, Glücksspiel oder Geldwäsche – verbraucht Unmengen an Strom und erzeugt laut Forschern der TU München jährlich 23 Millionen Tonnen Kohlendioxid im Jahr, »eine Menge, die zwischen dem $CO_2$-Ausstoß von Jordanien und Sri Lanka liegt«.[99]

## Umweltschutz als Wachstumstreiber? Die Mär vom »Grünen Kapitalismus«

Eine weitere Variante der These von der Entkopplung ist der »Grüne Kapitalismus«. Er wächst angeblich nicht trotz, sondern wegen des Umweltschutzes. »Das klingt fast wie die Quadratur des Kreises: Ökologie als Jungbrunnen der Ökonomie«, argumentieren Ralf Fücks und Kristina Steenbock, zwei Vordenker des neoliberalen Flügels der Grünen. »Investitionen in Klimaschutz sind volkswirtschaftlich hoch rentabel – und sie können zum Auslöser eines grünen Wirtschaftswunders werden.«[100] Mit Bezug auf das EU-Investitionsprogramm *Green Deal* versprechen Franziska Brantner und Robert Habeck (Die Grünen): »Wir können zwei Fliegen mit einer Klappe schlagen: Investieren, um eine neue $CO_2$-freie Infrastruktur aufzubauen. Der Wirtschaftskrise den Umbau der Wirtschaft entgegensetzen.«[101]

Auch einige linke Analytiker*innen gegen davon aus, dass ein grüner Kapitalismus entstanden ist oder demnächst entstehen wird. So der Politikwissenschaftler und Umweltforscher Christoph Görg,

---

* Diese Server müssen zudem mit hohem Energieaufwand gekühlt werden. In den meisten Ländern geschieht dies mit Strom, der von Kohlekraftwerken stammt.

der ein neues (»postfordistisches«) Verhältnis zur Natur am Werk sieht: »Naturbeherrschung reflektiert auf ihr eigenes Scheitern – und baut noch diese Reflexion in Strategien zur Subsumtion der Natur ein.«[102] »Schutz der Natur, so ließe sich die Transformation umschreiben, findet nicht mehr im Kontrast zu Formen ihrer kapitalistischen Nutzung statt, sondern als ein *inhärentes Element ihrer Inwertsetzung.*«[103] Einfacher ausgedrückt: um an natürlichen Ressourcen zu verdienen, müssen sie erhalten bleiben und *gerade die Erhaltung dient der Akkumulation.*

Der Kapitalismus erweise sich als so flexibel, dass er selbst noch die zerstörerischen Folgen seiner Produktion profitabel mache. Trotz des gesellschaftskritischen Anspruchs stimmt diese Analyse weitgehend mit den Befürwortern des »Grünen Kapitalismus« überein. Allerdings dauert das Warten auf die große Transformation mittlerweile seit den 1980er Jahren. Wegen der eskalierenden Klimakrise wächst die Kluft zwischen den behaupteten Anpassungsmöglichkeiten und den empirisch zu beobachtenden, geradezu aufdringlichen Katastrophen. Deshalb greifen die Vertreter der These vom »Grünen Kapitalismus« vermehrt zu der argumentativen Volte, es käme auf den objektiven Beitrag zur Lösung dieser Krise gar nicht an: »Ein grüner Kapitalismus setzt keine vollständig ökologisch umgestellte Produktion voraus und wird sie womöglich auch nie erreichen.«[104] Dann allerdings stellt sich die Frage, ob sich das angeblich neue Naturverhältnis wesentlich von dem alten unterscheidet.

## Kein grüner Kapitalismus ohne grüne Kapitalisten

Hinter einer grünen Fassade verstecken sich viele Unternehmen, selbst Lebensmittelkonzerne wie Nestlé oder Stromkonzerne wie RWE. Manche Branchen stellen sich als »postfossil« dar, zum Beispiel Digital- und Internettechnik, Elektromobilität und manche Finanzprodukte, obwohl sie keinen Beitrag zur Emissionssenkung leisten. Sofern aber mit »Grüner Kapitalismus« mehr gemeint ist als eine Vermarktungsstrategie, muss die kommende Dekarbonisierung im *materiellen Interesse der jeweiligen Kapitalgruppe* liegen. Die entscheidende Frage lautet, ob Unternehmen von einem ökologischen Reformprogramm profitieren oder aber geschädigt würden.

Das fossile Kapital im engeren Sinne umfasst Branchen wie die Stromproduzenten aus Kohle, Erdöl und Erdgas, Auto- und Luftfahrt (einschließlich der Rüstungsindustrie). Im weiteren Sinne gehören auch Bau, Agrarindustrie und Lebensmittel dazu, weil die Dekarbonisierung für sie steigende Kosten und Schrumpfung bedeuten würde. Zu den grünen Kapitalisten dagegen gehören vor allem die Erzeuger Erneuerbarer Energie und die Hersteller von Umwelttechnik.

Laut einer Analyse von Jonas Rest aus dem Jahr 2011 machen Erdöl, Erdgas und Strom etwa ein Fünftel der Marktkapitalisierung unter den 500 größten Unternehmen der Welt aus. Nehmen wir die Branchen Automobil und Luftfahrt und andere besonders $CO_2$-intensive Branchen hinzu, umfasst das fossile Kapital sogar mehr als ein Drittel.[105] Diesen Unternehmen wird oft ein Niedergang vorausgesagt, während die großen Internetkonzerne wie *Google* oder *Amazon* als neue Leitindustrie gelten. Aber »diese These hält der Konfrontation mit der Wirklichkeit nicht stand«, wendet der Verkehrsexperte und Autor Winfried Wolf ein. »Das Gewicht von Öl/Auto unter den zehn größten Konzernen der Welt ist, wenn wir als Basis den Umsatz nehmen, seit Jahrzehnten annähernd gleich geblieben.«[106] Unter den zehn größten Konzernen der Welt sind sechs Öl- und Gasunternehmen. Mit Volkswagen und Toyota finden sich außerdem zwei Autokonzerne in dieser *Top Ten*. Das fossile Kapital dominiert nicht nur an der Spitze: »2018 entfällt rund ein Drittel des Gesamtumsatzes der ›Global 500‹ auf Öl, Auto und Flugzeugbau.«[107]

Je stärker eine Kapitalgruppe, umso besser kann sie ihre Interessen in staatliches Handeln übersetzen. Diese Stärke beruht auf dem Umsatz und der Zahl der Beschäftigten, aber auch und mehr noch auf der Profitabilität und der Menge des investierten Kapitals. In Deutschland beschäftigt der Pflegesektor deutlich mehr Menschen als die Automobilindustrie (nämlich 1,1 Millionen Personen gegenüber 0,83 Millionen). Dennoch können Automobilhersteller offensichtlich ihre Interessen besser zur Geltung bringen.* Die Durchsetzungsfähigkeit einer Branche beruht weiterhin auf ihrer Geschlossenheit. »Die Öl-, Gas- und Kohlekonzerne sind durch Investitionskredite und Aktienpakete eng miteinander verflochten«, erklärt Christian Zeller.[108] Hendrik Sander spricht vom fossilen Kapital als einem »grauen Block«[109], Jonas Rest von einer »oligopolen Struktur« und »hohen Marktkonzentration bei wenigen Akteuren«.[110] Während die Erneuerbaren immer noch eher mittelständig und von starker Konkurrenz geprägt sind, kann der fossile Block koordiniert handeln, »mit einer Stimme sprechen«.

Der Staat ist in diesem Konflikt kein unparteiischer Schiedsrichter. Ein nationaler Alleingang bei der Dekarbonisierung wäre im Wettbewerb um Investitionen und Weltmarktanteile ein »Standortnachteil«. Wer alternative Energiequellen nutzt, verteuert seine landwirtschaftlichen Erzeugnisse und Industriegüter. Außerdem ist der »graue Block« über Luft- und Raumfahrttechnik eng mit der Rüstungsindustrie verbunden. Ihn abzuwickeln würde bedeuten, sich von ernsthaften geopolitischen Ambitionen zu verabschieden, weil diese »militärisch unterlegt« sein müssen. »Eine Transformation zu einer kohlenstoffarmen Wirtschaft bedeutet die Entmachtung einer der global stärksten und bestorganisierten Kapitalgruppen«, fasst Jonas Rest zusammen. »Ihre Interessen bleiben von hervorgehobener Relevanz für die staatlichen-ökonomischen Konkurrenzstrategien einiger der mächtigsten Staaten.«[111]

Das Finanzkapital lenkt Investitionen und könnte daher als Hebel für die Dekarbonisierung dienen. Allerdings würde es sich dadurch selbst schaden. »Investmentfonds halten große Aktienpakete der Energiekonzerne. Die größten sind an zahlreichen Ener-

* Die Macht einer Kapitalgruppe beruht nicht unbedingt auf der Zahl der Arbeitsplätze. Durch den Ausbau der Erneuerbaren Energie oder des öffentlichen Verkehrs könnten deutlich mehr Arbeitsplätze entstehen, als gleichzeitig in der fossilen Industrie wegen der Dekarbonisierung verloren gingen.

giekonzernen gleichzeitig beteiligt«[112] Dennoch hat der Druck der Klimabewegungen dazu geführt, dass einige institutionelle Anleger ankündigten, nur noch in Unternehmen zu investieren, die weniger Treibhausgase freisetzen. So kündigte der Vermögensverwalter *Blackrock* im Januar 2020 eine »grundlegende Neugestaltung des Finanzsektors« an. Allerdings investiert das Unternehmen weiterhin in die fossile Energie und hält beispielsweise »Anleihen und Unternehmensanteile von Entwicklern von Kohlekraftwerken mit einem Gesamtwert von 17,6 Milliarden US-Dollar«.[113]

Eine Sonderrolle spielen die institutionellen Anleger, die mit $CO_2$-Zertifikaten handeln. Banken, Versicherungen oder Hedgefonds wie *Goldman Sachs* oder *MorganStanley* haben ein Interesse daran, dass der Handel mit Emissionsrechten ausgeweitet wird und die Preise für die Zertifikate steigen. Allerdings entstehen in dieser Nische des Finanzmarktes lediglich Transaktionsgewinne, die von den Unternehmen aufgebracht werden müssen, die Zertifikate benötigen. Kein Anleger spezialisiert sich darauf, sodass diese ebenso ambivalent wie das Finanzkapital insgesamt agieren. Das Finanzkapital hat zur ökologischen Frage keine Meinung.* Die Branche wird die Dekarbonisierung nicht durchsetzen, wenn sie dazu nicht ihrerseits staatlich gezwungen wird.

Eine konsequente ökologische Reform widerspricht schließlich *gemeinsamen Interessen der verschiedenen Kapitalfraktionen*. Billige Strompreise und niedrige Steuern wollen alle Unternehmen, ob grün, grau oder lila. Christian Stache spricht von dem gemeinsamen Klasseninteresse, das »despotische Verhältnis« und die »Überausbeutung der Natur« aufrechtzuerhalten: »Durch den Ausgleich der Profitrate wirkten sich politische Eingriffe für einen echten Naturschutz nicht nur negativ auf bestimmte Fraktionen oder Einzelkapitalisten aus, sondern auch auf die allgemeine Profitrate.[114]

---

* Ähnlich widersprüchlich orientiert ist der Maschinenbau. Er profitiert von der Nachrüstung der Industrie, wenn die Unternehmen staatliche Effizienzauflagen erfüllen müssen. Andererseits ist das fossile Kapital einer der wichtigsten Abnehmer.

## Wie lernfähig ist das System?

Im Anthropozän formt die Menschheit die Kreisläufe des Erdsystems um. Aber das Anthropozän markiert nicht den Höhepunkt unserer Naturbeherrschung als »Hüter des Erdsystems«, sondern einen völligen Kontrollverlust. Die Kreisläufe des Erdsystems sind wie ein Haus, das wir bewohnen; es einzureißen ist deutlich einfacher, als es zu errichten. Zerstörungskraft entspricht nicht Herrschaft. Diese Naturaneignung wird von der Akkumulation angetrieben, einem blinden, chaotischen Prozess, eine Naturbeherrschung außer Kontrolle.

Daher verhallt der Appell an die Verantwortung oder Einsicht folgenlos. Die Unternehmen können nicht aus ihrem Dilemma ausbrechen, dem »Widerspruch zwischen individueller Rationalität und gesamtgesellschaftlicher Irrationalität«[115]: Für jedes einzelne ist überlebensnotwendig, was für alle zusammen ein Todesurteil bedeutet. Ein gleichartiges Problem besteht im Staatensystem. Statt ihr Wissen und ihre Ressourcen zu teilen, um so schnell wie möglich die THG-Konzentration zu senken, kreisen die Mächte wie Hyänen um eine sterbende Beute und nutzen jede Gelegenheit, um ihre Konkurrenten zu schwächen.

In vorangegangenen Krisen hat sich das kapitalistische System äußerst flexibel gezeigt. »Der Kapitalismus nährt sich vom Wandel, passt sich, nach Bedarf ausbaufähig oder zu Einschränkungen imstande, den wirtschaftlichen Möglichkeiten jeder Epoche und jeder Weltgegend an«, heißt es treffend bei dem Historiker Fernand Braudel.[116] Allerdings wurde er immer nur durch Schaden klug, durch Krieg, Bürgerkrieg und drohenden Umsturz. Auch eine ökologische Reform wird erst möglich sein, nachdem massive Zerstörungen die gegenwärtigen Blockaden gesprengt haben werden. Für die Klimagerechtigkeitsbewegung bedeutet das, dass sie sich nicht darauf verlassen kann, dass ihr die Entwicklung in die Hände spielt.

Zwei mögliche Missverständnisse müssen noch ausräumt werden. Sie betreffen die Frage, ob der Kapitalismus an »natürliche Grenzen« stößt, was unter solchen Grenzen zu verstehen wäre und wie abrupt sie sich bemerkbar machten.

## Missverständnis Nr. 1: Wo Thomas Malthus ausnahmsweise einmal recht hatte

Die Linke bemängelt traditionell (und nicht immer zu Unrecht), die Gesellschaftskritik von Umweltschützer*innen sei rückwärtsgewandt. Wenn heute Wissenschaftler*innen und Aktivist*innen warnen, dass Belastungsgrenzen des Erdsystems erreicht seien, kreidet sie ihnen manchmal »Malthusianismus« an. Dieser Vorwurf tut weh – aber was meint er eigentlich?

Um die Wende zum 19. Jahrhundert verfasste der anglikanische Geistliche Thomas Robert Malthus seine »Abhandlung über das Bevölkerungsgesetz«. Darin malte er ein düsteres Bild der Zukunft, weil die Nahrungsmittelproduktion mit dem Fortpflanzungstrieb nicht Schritt halten könne. »Die Kraft der Bevölkerungsvermehrung ist umso vieles stärker als die der Erde innewohnende Kraft, Unterhaltsmittel für den Menschen zu erzeugen, dass ein frühzeitiger Tod in der einen oder anderen Gestalt das Menschengeschlecht heimsuchen muss.«[117] Laut Malthus wächst die Bevölkerung mit steigender Geschwindigkeit. Die Landwirtschaft könne dagegen höchstens gleichbleibende Zuwächse erzielen (also beispielsweise die globale Getreidemenge von drei Gigatonnen auf vier Gigatonnen steigern, im übernächsten Jahr auf fünf und so weiter). Die unvermeidliche Folge dieses Missverhältnisses seien Hunger und Elend.

Wie erwähnt standen die Bodenfruchtbarkeit und ein befürchteter »stationäre Zustand« im Zentrum der Diskussion, als im Jahr 1798 Malthus' Buch zum ersten Mal erschien. Sein Beitrag bestand vor allem darin, das Elend der Landbevölkerung auf ihre angeblich übermäßige Kinderzahl zurückzuführen. Mit dieser These griff er in die zeitgenössische Debatte um die Armenfürsorge ein. »Ein

Mensch, dessen Arbeit die Gesellschaft nicht will, hat kein Recht, die kleinste Menge an Nahrung zu beanspruchen. An der Festtafel der Natur ist für ihn nicht gedeckt, falls er nicht das Mitgefühl einiger ihrer Gäste erwecken kann.«* Jede Hilfe für die Erwerbslosen werde nur dazu führen, dass sie sich weiter vermehrten. »Wenn diese Gäste aufstehen und ihm Platz machen, werden sofort andere Eindringlinge erscheinen und denselben Gefallen fordern.«[118] »Fehlanreiz« würden heute die Gegner von Sozialleistungen sagen und genau das gleiche meinen.

Die »Abhandlung über das Bevölkerungsgesetz« beweist die angeblich unbegrenzte menschliche und angeblich begrenzte landwirtschaftliche Fruchtbarkeit nicht. Malthus führt lediglich einige Statistiken an und beruft sich auf das vermeintlich Offensichtliche. Zu dieser Zeit waren die Nährstoffkreisläufe im Boden noch unbekannt. Mit Ökologie oder Naturzerstörung setzt sich Malthus nicht auseinander, agrarwissenschaftliche Argumente fehlen.

Traditionsbildend wurde er, weil er soziale Probleme mit biologischen und demographischen Ursachen erklärte, wie ein Entdecker der Naturgesetze der gesellschaftlichen Entwicklung. Karl Marx und Friedrich Engels polemisierten deswegen heftig gegen den »gekauften Advokaten«, »schamlosen Plagiator«, »Sykophanten der herrschenden Klassen« und »bornierten Reaktionär« (nur eine Auswahl).[119] Marx bestritt, »dass das Bevölkerungsgesetz dasselbe ist zu allen Zeiten und an allen Orten«. Im Gegenteil: »Jede Entwicklungsstufe hat ihr eigenes Bevölkerungsgesetz.«[120] Die sozialen Verhältnisse bestimmten, wie sehr sich die Menschen vermehren und auch die Produktivität ihrer Landwirtschaft. »Die alten Ökonomen verkannten die Natur ökonomischer Gesetze, als sie dieselben mit den Gesetzen der Physik und Chemie verglichen.«[121]

Die Forschung zur Bodenfruchtbarkeit von Justus Liebig und die neuen Düngemethoden schienen dann Mitte des 19. Jahrhunderts Malthus ganz praktisch zu widerlegen. Die Erträge wuchsen rasant,

* Das Zitat stammt aus dem Vorwort zur zweiten Ausgabe im Jahr 1803.

exponentielles Wachstum schien möglich. »Die der Menschheit zu Gebote stehende Produktionskraft ist unermesslich«, schrieb Friedrich Engels enthusiastisch im Jahr 1844. »Die Ertragsfähigkeit des Bodens ist durch die Anwendung von Kapital, Arbeit und Wissenschaft ins Unendliche zu steigern.«[122] Auch Karl Marx neigte zunächst diesem Techno-Optimismus zu, wurde allerdings mit der Zeit vorsichtiger. Justus Liebig selbst dagegen beurteilte die Möglichkeiten der Kunstdüngung immer skeptischer. Er verwies »auf die natürlichen Grenzen der Verbesserung der Bodenfruchtbarkeit, da einerseits mineralische Nährstoffe nicht unbegrenzt verfügbar seien, aber auch die Absorptionsfähigkeit der Pflanzen beschränkt sei«.[123]

Hatte Thomas Malthus also recht mit seiner Behauptung, es gäbe unverrückbare Grenzen der Nahrungserzeugung? In seiner Kritik beruft Marx sich weniger auf unbegrenzte technische Möglichkeiten denn auf *unausgeschöpfte gesellschaftliche Potentiale.* »Alles Privateigentum am Boden« und die kapitalistischen Eigentumsverhältnisse seien »Schranke und Hindernis der Agrikultur«. Diese verhinderten eine »rationelle Behandlung, Erhaltung und Verbesserung des Bodens«.[124] Kurz, die Produktionsverhältnisse hemmen die Produktivkräfte. Was sich in einer Gesellschaftsform als unüberwindliches Hindernis darstellt, kann unter anderen Verhältnissen leicht gelöst werden.

Thomas Malthus erklärte die Armut als Auswirkung einer unkontrollierbaren Vermehrung. Seitdem berufen sich Konservative und Reaktionäre auf ihn, die sich vor der Bevölkerungsentwicklung fürchten. Die Gefahr durch eine »globale Bevölkerungsbombe« (Paul Ehrlich) oder »Bevölkerungsexplosion« wurde manchmal ökologisch begründet, manchmal mit politischer Instabilität. »Das Land kann nur eine begrenzte Bevölkerung tragen«, schrieb der US-amerikanische Biologe Garrett[125] und begründete so, »warum wir den Armen nicht helfen sollten«. Diese Stoßrichtung ist ein wesentliches Merkmal des »Malthusianismus«.

Landwirtschaft und Industrie sind längst produktiv genug, um alle Menschen zu ernähren und ihnen ein gutes und würdiges Leben zu verschaffen (wenn auch nicht ein Rindersteak am Tag und drei Flugreisen im Jahr). Die Voraussetzung dafür ist, dass wir den Überfluss der einen und den Mangel der anderen abschaffen. Dennoch verfügen mehr Menschen über weniger Ressourcen pro Person, auch wenn diese gleichmäßig verteilt werden.* Bodenfruchtbarkeit und Bevölkerungswachstum sind keine Naturgesetze, sondern gesellschaftliche Tatbestände und als solche veränderbar – dies allerdings nur im Rahmen der Naturgesetze! Dies zu bestreiten, wäre Marx jedenfalls nicht eingefallen.** Möglicherweise entstehen in der Zukunft neue Anbaumethoden, um das Pflanzenwachstum abermals zu steigern. Dagegen ist nichts einzuwenden. Der Planet ist nicht sakrosant, er ist lediglich verwundbar.

## Missverständnis Nr. 2: Schluss, aus, Ende?

1972 veröffentlichte die Nichtregierungsorganisation *Club of Rome* das Buch »Die Grenzen des Wachstums«. Darin heißt es: »Wenn die gegenwärtige Zunahme der Weltbevölkerung, der Industrialisierung, der Umweltverschmutzung, der Nahrungsmittelproduktion und der Ausbeutung von natürlichen Rohstoffen unverändert anhält, werden die absoluten Wachstumsgrenzen auf der Erde im Laufe der nächsten hundert Jahre erreicht.« Die Autor*innen begriffen

* Der jährliche Zuwachs der Bevölkerung erreichte im Jahr 1971 mit 2,1 Prozent einen Höchststand und fiel seitdem kontinuierlich auf zuletzt 1,075 Prozent (2020). (Vgl. United Nations Population Division (2019) World Population Prospects: Revision. Online: population.un.org/wpp.) Wann die Weltbevölkerung ihren Höchststand erreicht haben wird, ist kaum vorhersehbar.

** Übrigens räumte Marx diesen Umstand in einem Brief von 1851 an den Freund zähneknirschend ein: »Je mehr ich den Dreck treibe, umso mehr überzeuge ich mich, dass die Reform der Agricultur, also auch der darauf basierenden Eigentumsscheiße, das A und O der kommenden Umwälzung ist. Ohne das behält Väterchen Malthus recht.« Zitiert nach: Bruno Kern (2019) Das Märchen vom Grünen Wachstum: Plädoyer für eine solidarische und nachhaltige Gesellschaft. Zürich. S. 203.

die natürliche Umwelt »als eine endliche Quelle grundsätzlich unveränderlicher und wesentlicher Elemente, die dem menschlichen Handeln absolute Grenzen setzen«.[126] In Wirklichkeit sind ökologische Grenzen gesellschaftlich vermittelt und in einem gewissen Umfang veränderbar (wie beispielsweise die Produktivität der Landwirtschaft). Allerdings bedeutet das nicht, dass wir sie nach Belieben verschieben können. Wir müssen zwischen *unterschiedlichen Begrenzungen* unterscheiden.

Da ist zunächst die Stabilität des Erdsystems. Der beliebte Ausdruck »natürliches Gleichgewicht« meint keinen statischen Zustand. Die biogeochemischen Kreisläufe bilden ein offenes, dynamisches System, in das die Menschheit einbezogen ist. Heftige und rapide Umbrüche in bestimmten Räumen sind möglich, aber sie werden vom Gesamtsystem wieder aufgefangen. So verharrten beispielsweise Niederschlagsmengen, Photosynthese oder Kohlenstoffeinlagerung bisher innerhalb gewisser Schwankungsbreiten.

Die Natur verfügt über eine gewisse »Elastizität« (Kohei Saito). »Die Belastungsgrenzen der Natur stellen keine eindeutigen Bruchlinien dar. Es handelt sich eher um Korridore der Elastizität, innerhalb derer Ökosysteme in der Lage sind, Störungen zu verarbeiten. Grenzen sind deshalb dynamisch und nicht mit Sicherheit bestimmbar – aber trotzdem real.«[127] Denn auch die Elastizität der Natur kommt einmal ans Ende, wie der Zusammenbruch lokaler Ökosysteme deutlich macht. In einem See, der wegen Sauerstoffmangel »kippt«, leben keine Fische mehr. In degradierten Böden entsteht kaum neue Biomasse.* Dasselbe Schicksal kann auch globale Kreisläufe ereilen.

Von der Elastizität der Natur zu unterscheiden ist die Anpassungsfähigkeit des Kapitals (als gesellschaftliches Verhältnis). Kapitalistische Gesellschaften brauchen einen wachsenden Ressourcen-Input. Daher gilt die Rohstoffversorgung als Achillesferse. Das

* Zwar füllen sich solche ökologischen Räume wieder, aber nur äußerst langsam. Sich selbst überlassen nehmen sie oft Formen an, die Ökosystemleistungen nicht mehr im vorherigen Umfang erzeugen.

bekannteste Beispiel sind die fossilen Bodenschätze. Der Höhepunkt der Ölförderung mit konventionellen Methoden ist bereits überschritten (Peak Oil). Noch existieren große Reserven – mehr als genug, um das Klima aus dem Gleichgewicht zu bringen! –, aber sie müssen mit aufwendigeren Methoden erschlossen werden.

Bisher haben sich kapitalistische Gesellschaften als ungeheuer findig erwiesen, auf eine sich abzeichnende Knappheit zu reagieren und Ersatz zu finden. Zukünftige Knappheit verheißt eine höhere Nachfrage und höhere Preise, was Investitionen in alternative Förderverfahren und Ersatzmaterialien auslöst. Durch stärkere Rationalisierung wirken die Unternehmen dem steigenden Aufwand entgegen und halten so die Preise stabil. Versiegende Rohstoffströme werden *ausgeglichen*.

## Unterproduktion der planetaren Produktionsbedingungen

Wie der Elastizität der Natur sind allerdings auch der Flexibilität des Kapitals gewisse Grenzen gesetzt.* Die Produktivität beruht auf ökologischen und gesellschaftlichen Voraussetzungen. Sie werden den Unternehmen üblicherweise erst bewusst, wenn sie ausfallen: Du weißt nicht, was du hast, bis es nicht mehr da ist! Der Wirtschaftswissenschaftler James Richard O'Connor prägte für diese Situation den Begriff »Unterproduktion der Produktionsbedingungen«.[128]

Dabei dachte O'Connor an natürliche Lebensgrundlagen wie atembare Luft oder fruchtbare Felder, aber auch an »persönliche Produktionsbedingungen« wie die seelische und geistige Gesundheit oder geeignete familiäre und öffentliche Verhältnisse, damit Arbeitskraft entsteht. Diese Produktionsbedingungen erhalten die

* Von der Elastizität der Natur und der Flexibilität der kapitalistischen Produktionsweise zu unterscheiden ist schließlich die Anpassungsfähigkeit unserer Gattung. Welche gesellschaftlichen Formen sie finden wird, um in einer Welt mit + 5 Grad Celsius mehr zu überleben – um einen willkürlichen, aber nicht unwahrscheinlichen Wert zu nennen – ist offen.

Unternehmen in der Regel kostenfrei Mit der Zeit untergräbt das Kapital diese Grundlagen seiner eigenen Existenz. »Die kapitalistische Akkumulation hemmt oder zerstört die Voraussetzungen seiner Akkumulation und bedroht daher seine Profite und die Fähigkeit, zu produzieren und mehr Kapital zu akkumulieren.«[129] Das Kapital sägt am Ast, auf dem es sitzt.

Die Knappheit von Produktionsbedingungen kann die Profite senken, aber dies muss nicht der Fall sein. Die Unternehmen bemerken zunächst steigende Preise. »Die Grenzen des Wachstums erscheinen, wenigstens anfangs, nicht als absolute Knappheit von Arbeitskraft, Rohstoffen, klarem Wasser und Luft und städtischem Raum und so weiter, sondern als Verteuerung von Arbeitskraft, Ressourcen, Infrastruktur und Raum.«[130] Die Unterproduktion trifft das Kapital weiterhin in Form von Klassenkampf und politischem Konflikt. Als Beispiel führt O'Connor Umweltschutzbewegungen an, die Auflagen und Besteuerung der Industrieunternehmen erzwingen. So verknappen sie die Ressourcen, weshalb wiederum die Preise steigen. Der »zweite Widerspruch des Kapitals« (O'Connnor) senkt also die Profite, sofern er sozialen Widerstand auslöst oder Produktionsfaktoren verteuert. Er wirkt indirekt, aber er wirkt, und er kann das System in eine tiefe Krise treiben. »James O'Connor nahm an, dass der Kapitalismus nicht nur eine Achillesferse habe, sondern zwei«, erklärt der Humanökologe Andreas Malm.[131] Die Klimakrise ist eine Unterproduktion einer globalen Produktionsbedingung. Aber auch sie trifft, von der Landwirtschaft einmal abgesehen, die Akkumulation nicht direkt. Zunächst erhöht sie lediglich den Druck auf Kapital und Arbeit und damit den gesellschaftlichen Konflikt.

Die Reproduktion der Arbeitskräfte und die Resilienz der ökologischen Systeme sind in gewissem Umfang und für einige Zeit nachgiebig und anpassungsfähig – und damit auch die Unternehmen. Beispielsweise gleichen die Beschäftigten und ihre Familien steigende Energie- oder Lebensmittelpreise aus, indem sie billigere Produkte kaufen oder ihren Konsum anpassen. Auch nachlassende

Ökosystemleistungen können eine Weile durch steigenden Input ausgeglichen werden.*

Die ökologische Gesellschaftskritik hat allzu oft »die letzte Chance« bemüht und von »5 Minuten vor 12« gesprochen. Wann die ökologische Belastbarkeit und unsere Anpassungsfähigkeit erschöpft sind, lässt sich nicht mit einer Mengenangabe oder einem Datum ausdrücken. Sie gleichen eher einem Frontgebiet als einer Mauer. Deshalb wird die kapitalistische Entwicklung nicht an eine Grenze stoßen, wie ein fahrendes Auto gegen eine Hauswand prallt. Ein abrupter Zusammenbruch ist unwahrscheinlich, nicht aber ein allmählicher Abstieg, in dessen Verlauf sich die Unterproduktion der Produktionsbedingungen immer stärker spürbar macht.

---

* So entnehmen Fabriken aus erwärmten Flüssen mehr Kühlwasser für ihre Anlagen. Wenn der natürliche Erosionsschutz ausfällt, wird die Erde mit einem gewissen Arbeitsaufwand befestigt, wenn Regen ausbleibt, wird künstlich bewässert und so weiter.

# 5.
# Warum der technische Fortschritt uns nicht retten wird

Die Klimakrise verwüstet ganze Landstriche mit Feuer, Sturm und Flut. Die Einschläge kommen näher, auch im Globalen Norden. Wie können wir die Kräfte beherrschen, die wir entfesselt haben? Können wir es überhaupt? Wenn die ökologische Krise zur Sprache kommt, heißt es regelmäßig: »Kein Grund zur Panik! Wir werden schon eine Lösung finden. Alles ist machbar. Wenn wir nur wollen. Nur jetzt gerade, da wollen noch nicht. Aber später dann, werden wir wollen. Und machen.« Während die einen Angst vorm Aussterben haben, erkennen andere lediglich gewisse Schwierigkeiten, die wissenschaftlich-technisch zu beherrschen sind.

Die Überzeugung der Technikoptimisten speist sich aus zwei Grundannahmen. Erstens seien die Selbstheilungskräfte der Natur so stark, dass sie niemals unwiederbringlich zerstört werden könne. Zweitens werde der technische Fortschritt die Probleme lösen, so wie er dies bisher noch immer getan hat. Ihnen gegenüber stehen dogmatische Technikpessimisten. Sie verurteilen die Unterwerfung und Ausbeutung der Natur als schädlich, entfremdend, ethisch falsch. Manche von ihnen wollen zurück zu einem verklärten Naturzustand.

Die Widersacher der *romantischen* Kritik an der Umweltzerstörung waren Aufklärer und Vernunftsoptimisten. Sie hielten die Natur für erklärbar und ihre Beherrschung für eine Voraussetzung von gesellschaftlichem Fortschritt. Team »Zurück zur Natur!« missfiel aber gerade diese naturwissenschaftliche Analyse, die Gesetzmäßigkeit und mathematische Berechenbarkeit unterstellt. »Wenn nicht mehr Zahlen und Figuren / Sind Schlüssel aller Kreaturen«, heißt es bei Novalis (1772-1801): Wissenschaft kann das wahre Wesen von Mensch und Natur niemals erfassen. Früher verwies Team »Technischer Fortschritt« an dieser Stelle der Diskussion meist auf die praktischen Erfolge der Naturbeherrschung, die uns kaum abzusprechen sind. Und überhaupt, »das Wesen der Dinge« – was soll das sein?

Im Team »Zurück zur Natur« dagegen fand sich öfter mal eine gewisse Lust an der Katastrophe. Umweltschützer*innen konnten sich für den Zusammenbruch der Zivilisation geradezu begeistern.* Die Klimakrise bringt diese gewohnte Mannschaftsaufstellung durcheinander. Team »Technischer Fortschritt« lehnt fundierte wissenschaftliche Modelle ab, während das Team »Zurück zur Natur« die Endzeiterwartung mit Statistiken untermauern kann.

Die Hoffnung auf technische Lösungen ist weit verbreitet. In einer repräsentativen Umfrage von 2017 sagten 69 Prozent der Befragten, neue umweltfreundliche Technologien seien sehr wichtig, um die ökologische Krise zu lösen. Weitere 26 Prozent halten sie für wichtig. Damit rangiert technische Innovation an erster Stelle, mit großem Abstand vor dem Schutz fruchtbarer Böden oder der Umstellung auf Erneuerbare Energie.[132]

Auch diejenigen, die den Unternehmen möglichst keine Vorschriften machen wollen, versprechen unbegrenzte Potentiale. »Innovation statt Verbote!«, lautete ein Wahlkampfslogan der FDP. »Die Fähigkeit der Märkte, Neues zu entdecken, ist notwendiger denn je«, erklärt der Journalist Nikolaus Piper. »Sie sollen zu den Innovationen führen, ohne die eine klimaneutrale Produktion kaum möglich sein wird.«[133] Das »Klimaschutzprogramm 2030« der Bundesregierung dient ausdrücklich dazu, »dass Deutschland seine Stellung als innovativer Leitanbieter und Leitmarkt für klimafreundliche Tech-

* Vielleicht, weil ihrer Meinung nach die sündige Menschheit es nicht besser verdient. So wie der Einsturz des Turms zu Babel als gerechte Strafe für ein überhebliches Projekt gilt, fällt der ökologische Zusammenbruch das abschließende Urteil über ein schlechtes Gesellschaftssystem.

nologien ausbaut und damit ein positiver Impuls für Wachstum und Wohlstand gesetzt wird.«[134]

Der Glaube an die Machbarkeit wächst proportional mit dem Abstand zu den konkreten wissenschaftlichen und technischen Problemen. Er nimmt buchstäblich religiöse Züge an, insofern er Trost und Zuversicht spendet, ohne auf Beweise angewiesen zu sein. Beide Pole in dieser Debatte – romantische Ablehnung einerseits, Technikgläubigkeit andererseits – führen in die Irre. Sie verstellen den Blick darauf, was in der Klimakrise möglich und notwendig ist, welche Maßnahmen für die Dekarbonisierung taugen. Der Maßstab, um technische Innovation zu beurteilen, lautet schlicht: Hilft sie dabei, die Wasser-, Kohlen- und Stickstoffkreisläufe zu stabilisieren? Eine rasche und vollständige Dekarbonisierung ist die Grundvoraussetzung. Aber für viele wichtige Materialien und Prozesse existieren bisher keine kohlenstofffreien Alternativen, zum Beispiel für die Stahl- und Zementproduktion, die Treibstoffe für den internationalen Schiffs- und den Flugverkehr und die sogenannten prozessbedingten Emissionen der Landwirtschaft (Methan, Lachgas).

## Ein wesentliches Problem: Die zukünftige Energiegewinnung

Benzin und Öl fallen als Treibstoff für Fahrzeuge und als Brennstoff zum Heizen weg, Strom muss sie ersetzen. Allein wegen der Umstellung der Kraftfahrzeuge auf Elektromobilität steigt der Strombedarf massiv. Hinzu kommt die Elektrifizierung der Wärmeerzeugung. Um den wachsenden Strombedarf zu decken, haben wir nur erneuerbare Energiequellen zur Verfügung: Wind, Wasser und die Strahlungsenergie der Sonne, gewonnen durch Photovoltaik, Solarthermie oder Biomasse.

*Ex nihilo nihil fit*, heißt es: Nichts entsteht aus nichts. Noch ernten wir die Sonnenenergie der Vergangenheit. Die Biomasse speicherte sie und verwandelte sich über geologische Zeiträume in potentielle Brennstoffe. Die Steinkohle entstand vor gut 250 Millionen Jahren, Erdöl und -gas vor etwa 100 Millionen Seit dem 19. Jahrhundert haben kapitalistische Gesellschaften bereits einen erheblichen Teil dieser Bodenschätze verbrannt.

Fossile Energie machte es möglich, räumliche Distanz zu überwinden, sodass Entfernung fast bedeutungslos schien. Mit ihrem Ende macht sich der Raum wieder schmerzhaft fühlbar. Denn die räumlich weit verteilte Strahlungsenergie der Sonne muss gesammelt und geerntet werden. »Der Sonnenschein ist an sich zwar eine reiche Quelle, aber es geht letztlich darum, diese Energie, die uns in diffus einfallender Strahlung erreicht, in den gewünschten Formen an gewünschten Orten verfügbar zu machen, nämlich als Strom und flüssigen Kraft- und Brennstoff in den bewohnten Regionen der Erde.«[135]

Ein Energiesystem aus erneuerbaren Quellen benötigt viel mehr Fläche, aber auch die Landwirtschaft, die Biomasseproduktion und Kohlenstoffsenken werden künftig eine größere Oberfläche auf dem Planeten beanspruchen. Die ökologische Krise senkt die Bodenfruchtbarkeit, was voraussichtlich durch eine größere Anbaufläche ausgeglichen werden muss.* Der wachsende Bedarf für die Nahrungserzeugung kollidiert mit dem Anbau von Biomasse. Außerdem brauchen wir Fläche für die Wiederaufforstung, um Kohlendioxid zu binden. Nahrung oder Energiegewinnung oder Kohlenstoffsenke – die Landnutzung wird umkämpft sein.

Szenarien für die Versorgung, die vollständig auf Erneuerbarer Energie beruht, legen oft unrealistische, zu optimistische Annahmen zugrunde. Häufig werden nur die Energiebilanz und die THG-Emissionen ab Inbetriebnahme verglichen. Für eine realistische Einschätzung muss der ganze Lebenszyklus betrachtet werden. »Das heißt etwa für Strom aus Photovoltaikmodulen: Man müsste bei der

* Ein weniger intensiver Anbau ist auch notwendig, um den Stickstoffkreislauf zu stabilisieren, das Artensterben zu bremsen und weniger Treibhausgase freizusetzen. Die ökologische Agrarreform dient also der Adaption *und* der Mitigation.

Herstellung der Fabriken für die Produktion der Bagger anfangen, die den Sand zur Siliziumherstellung fördern, und so weiter. Ebenso müssen die Instandhaltung, die Wartung und die gesamte Infrastruktur in die Rechnung mit einbezogen werden.«[136] Bei solchen Vergleichen schneiden die Erneuerbaren deutlich schlechter ab. Die »energetische Amortisierung« der Windkraft liegt bei mindestens drei Monaten, bei Wasserkraft mindestens bei neun Monaten. Erst dann stellen sie mehr Energie zur Verfügung, als für die Errichtung der Anlage notwendig war.[137] Im Fall der Photovoltaik liegt die Zeitspanne bei mindestens zwei Jahren. Energie wird knapper und wertvoller, auch weil die bisherigen Speichermöglichkeiten hohe Verluste mit sich bringen.

Die Erneuerbaren haben auch ökologische *Nachteile*. Laut einer Studie von 2014 liegt der »Mehrbedarf an Material für die Herstellung von Energieumwandlungsanlagen zwischen dem 0,1- bis 3-Fachen«.[138] Dies betrifft besonders die kohlenstoffintensiven Werkstoffe Zement und Metall, wie eine Untersuchung von 2018 ausführt: »Für die Errichtung von Windkraft- und Photovoltaikanlagen ist ein Vielfaches der metallischen Rohstoffe erforderlich, die für Atomkraftwerke oder fossile Kraftwerke mit einer vergleichbaren Kapazität an Energie benötigt werden würden … die 15-fache Menge an Zement, 90 mal mehr Aluminium und das 50-Fache an Eisen, Kupfer und Glas«[139]

Durch die Energiewende wächst der Bedarf an Metallen, die in der Regel mit fossiler Energie gefördert und hergestellt werden. Auch sogenannte Seltenerdmetalle sind notwendig, um Permanentmagnete für Batterien und Windkraftanlagen herzustellen (zum Beispiel »Neodym«). Diese Metalle werden vor allem in China gefördert und verursachen immense ökologische Schäden. Der Abbau verbraucht sehr viel Wasser und verschmutzt Erde, Luft und Grundwasser. Radioaktive Elemente und Schwefelsäure fallen an. Der Wissenschaftliche Dienst des Bundestags bemerkt in diesem Zusammenhang trocken: »Die Einhaltung internationaler Arbeitsschutz- und Umweltstandards ist mit hohen Kosten verbunden.«[140]

## Abnehmender Grenznutzen der Innovation

Wenn Energie knapper wird, dann müssen wir die verfügbare besser ausnutzen – ihren Wirkungsgrad steigern. Aber um die klimapolitischen Ziele Deutschlands – Klimaneutralität bis 2050! – bei gleichbleibendem Wachstum zu erreichen, wären historisch beispiellose Effizienzgewinne notwendig. »Der durchschnittliche Rückgang der Kohlenstoffintensität lag während der letzten Jahre bei 1,2 bis 1,3 Prozent, so dass eine Verfünffachung der bisherigen Minderungsraten notwendig würde.«[141]

Um den Energiebedarf zu senken, werden typischerweise neue, vorteilhaftere Materialien eingesetzt. Aber so wie bei der Energiegewinnung muss in einer ehrlichen Bilanz der Aufwand für die Herstellung dieser Materialien berücksichtigt werden, nicht nur der sparsamere Verbrauch beim Gebrauch. Beispiel Kfz: der gesunkene Treibstoffbedarf beruht vor allem darauf, dass die Hersteller leichtere Metalle verbauen. Diese zu produzieren ist aber energieaufwendiger (und setzt deshalb mehr Kohlendioxid frei) als die alten Stahlbleche. »Der VW-Konzern hat ein Auto entwickelt, das nur drei Liter Benzin auf hundert Kilometer verbraucht. Sein geringeres Gewicht verdankt es dem Einsatz von Aluminium und Magnesium. Um diese Leichtmetalle zu produzieren, müssen viel mehr Energie und Rohstoffe verbraucht werden als bei der Stahlproduktion.«[142]

Wesentliche Probleme der Elektromobilität sind die Speicherverluste und das Gewicht der Batterien. »Bei der Herstellung einer gängigen E-Auto-Batterie mit 35 kWh Leistung entstehen rund fünf Tonnen Treibhausgase. Addiert man die Emissionen der restlichen Herstellung, kommen die verschiedenen Studien am Ende auf Werte zwischen zehn und zwölf Tonnen. Für Fahrzeuge mit Verbrennungsmotor – egal ob Benziner oder Diesel – rechnen Experten im Schnitt mit sechs bis sieben Tonnen Treibhausgasen.«[143] Das Elektroauto startet also mit einem vorgeschossenen Ballast von mindestens drei und höchstens sechs Tonnen Kohlenstoff. Bis ein solches Auto die Emissionsbilanz eines Verbrenners übertrifft, muss es viele, viele Kilometer zurücklegen. »Die reine $CO_2$-Bilanz eines E-Pkw ist im Vergleich zu einem Benzin- oder Diesel-Pkw maximal um ein Viertel günstiger, wenn der gesamte Lebenszyklus betrachtet wird«, bilanziert der Verkehrsexperte Winfried Wolf.[144]

Vielleicht hat sich Winfried Wolf verrechnet und die Überlegenheit der Elektromobilität liegt bei satten 50 Prozent. Auch das würde lediglich bedeuten, dass bei gleicher Emissionsbilanz zwei Kraftfahrzeuge statt einem unterwegs wären. Durch einen immer besseren Wirkungsgrad lassen sich die Emissionen nicht beliebig absenken.[*] Im Gegenteil, ihn noch weiter zu steigern, wird immer mühsamer, je effizienter das Verfahren bereits ist. Ingenieur*innen setzen zuerst die Verbesserungen um, die ohne großen Aufwand zu erreichen sind. Und je tiefgreifender das Herstellungsverfahren umgestellt wird und je ungewöhnlichere Materialien verbaut werden, desto länger dauert der Weg vom Prototypen bis zum Einsatz.

## Falsche Hoffnungen: Digitaltechnik und Keimbahnzüchtung

Digitalisierung und Künstliche Intelligenz (KI) gelten gegenwärtig als der stärkste Antrieb der technischen Entwicklung. Aber Digitaltechnik erschließt keine neuen Energiequellen und ersetzt keine Ressourcen, sondern nutzt im günstigsten Fall die vorhandenen besser aus. KI bedeutet automatische Modellierung und Optimierung. Ein vorbildliches Beispiel: Ventilatoren entlüften einen großen Autobahntunnel. Mit Mikrophonen können ihre Geräusche digital

* Die Elektroautos sind auch deswegen so beliebt bei Politik und Unternehmen, weil sie die $CO_2$-Bilanzen verfälschen. Entsprechend des Verursacher- und Territorialprinzips werden die Emissionen den Ländern zugeschlagen, in denen die Metalle und andere Rohstoffe erzeugt werden. Wenn die Fahrzeuge über deutsche Straßen rollen, beginnen sie mit der Emissionsmenge Null.

aufgezeichnet und diese Aufnahmen dann in die Frequenzbereiche zerlegt werden. Sobald die Turbinen nicht mehr rund laufen, wird eine Warnmeldung erzeugt. Daraufhin kommt eine Monteurin und richtet sie neu ein oder tauscht sie aus. Mithilfe dieser »vorausschauenden Wartung« werden Ausfälle vermieden und Reparaturkosten gesenkt. Die Einsparung muss allerdings mit dem zusätzlichen (zeitlichen und energetischen) Aufwand für die Datenerfassung und -auswertung verrechnet werden. Unter Umständen sinkt der Stromverbrauch.

Auch in der Landwirtschaft wird die Digitalisierung als Hoffnungsträger gehandelt. Dort soll sie die für eine zielgenauere Düngung und sparsamere Bewässerung sorgen. Die sogenannte Landwirtschaft 4.0, *Smart* oder *Precision Agriculture* nutzt dazu auf dem Boden liegende oder vergrabene Sensoren. Die Effizienzgewinne fallen je nach Lage und Pflanze unterschiedlich groß aus. In einer Antwort der Bundesregierung von 2019 ist die Rede von Einsparpotentialen bei Stickstoff »im Bereich von 10 Prozent«, bei Herbiziden »um 30 bis 70 Prozent«.[145] In einem Bericht des Büros für Technikfolgenabschätzung des Bundestages von 2005 heißt es: »Für die ökologische Dimension nachhaltiger Landbewirtschaftung lässt sich zusammenfassend festhalten, dass *Precision Agriculture* verschiedene Umweltentlastungspotenziale besitzt, diese aber begrenzt sind. ... Die bestehenden Nachhaltigkeitsdefizite der Landwirtschaft (können) nur teilweise durch den Einsatz moderner Technik behoben werden.«[146]

In der Entwicklung befinden sich Feldroboter und Drohnen, um Schädlinge mechanisch zu bekämpfen, wodurch möglicherweise die Menge mineralischer Pestizide gesenkt werden kann. Ob die Automatisierung auf dem Acker den Energie- und Stoffumsatz senkt oder erhöht, lässt sich nicht pauschal beantworten. Die kommende Agrarkrise kann mit mehr Sensorik und Robotik sicherlich nicht aufgefangen werden. In den USA kommt die »Smarte Landwirtschaft« trotz eines äußerst effizienten Wassereinsatzes wegen der ausgeprägten Dürren an ihre Grenzen.

Die Agrarforschung sucht unterdessen nach robusteren Pflanzen, die mit Wassermangel und Hitze besser zurechtkommen. Obwohl seit zwei Jahrzehnten in diese Richtung geforscht wird, sind die Ergebnisse bescheiden. Hoffnung weckt die sogenannte Genschere CRISPR-Cas, mit der sich zielgenauer ins Erbgut eingreifen lässt. Wie stabil diese Eingriffe über mehrere Generationen bleiben – also ob günstigere Eigenschaften langfristig anhalten – ist unklar. »Derzeit gibt es noch keine genomeditierte Pflanze, die besonders gut mit abiotischen Stressfaktoren* umgehen kann«, stellt die Biologin Katharina Kawall fest.[147] Eigentlich nicht verwunderlich, denn wir kennen die entsprechenden Stoffwechselreaktionen noch nicht. Die Eingriffe gleichen immer noch einem züchterischen Glücksspiel.** »Stressantworten der Pflanze werden durch viele verschiedene Faktoren reguliert, die unterschiedliche Mechanismen der Zellen beeinflussen, eine Vielzahl von Signalwegen ist daran beteiligt. Dieses Netzwerk muss zunächst einmal im Einzelnen, aber auch gerade in seiner Komplexität verstanden werden.«

Ein großes Problem sind Methan und Lachgas aus der Landwirtschaft, zwei THG, die noch schädlicher als Kohlendioxid sind. Lachgas entsteht wegen der Überdüngung, Methan vor allem aus der Verdauung von Wiederkäuern. Die Forschung setzt auf neue Methoden, Gülle zu vergären, und Futtermittelzusätze für Rinder, um ihr Rülpsen zu unterbinden. Versuche, mit Abschnitten aus dem Genom von Kängurus ihre Methanemissionen zu senken, sind gescheitert.***

---

* Abiotischer Stress entsteht durch Faktoren, die nicht von Lebewesen verursacht werden, beispielsweise Hitze oder Versauerung des Bodens, im Gegensatz zum biotischen Stress durch »Schädlinge«.

** Dies gilt auch für die Epigenetik, die bei der Methylierung der DNA ansetzt.

*** Die Agrarforschung zum Klimawandel findet überdies weit entfernt von der landwirtschaftlichen Praxis statt – wohl auch, weil der Sektor im Gegensatz zur Automobilindustrie kaum politischen Druck spürt, seine $CO_2$-Emissionen zu senken.

## Technik statt Fortschritt?

Der technische Fortschritt ist nicht unbedingt fortschrittlich. Im Gegenteil, Innovationen können alte Strukturen am Leben erhalten. Mit Effizienzgewinnen – oder dem bloßen Versprechen auf solche – rechtfertigen die Unternehmen Verfahren, die Treibhausgase freisetzen, als »Brückentechnologien«, etwas weniger schädliche Übergangslösungen. So versuchen sie, ihre Verfahren, Produkte und Geschäftsmodelle so lange wie möglich zu erhalten.

Bezeichnenderweise dreht sich die Debatte ausschließlich um neue Geräte. Im Gegensatz dazu werden naheliegende organisatorische Neuerungen (manchmal einfach die Rückkehr zu alten Lösungen) ignoriert: Als Innovation gilt, was aus der Entwicklungsabteilung eines Unternehmens stammt. Dabei gibt es einfache und risikolose Maßnahmen, die sofort verfügbar wären. In der Landwirtschaft sind Mischkulturen, Fruchtwechsel und asynchroner Anbau (mit unterschiedlichen Erntezeiten), lokal angepasste Sorten und humusreiche Böden widerstandsfähiger als die intensiv bewirtschafteten Monokulturen. Straßenbahnen (wenn es sein muss auch ohne Fahrer*in) sind effizienter als der motorisierte Individualverkehr, unabhängig von der Antriebsart. Geschwindigkeitsbeschränkungen senken die $CO_2$-Emissionen kostenlos und sofort.

Mithilfe digitaler Vernetzung können brachliegende Kapazitäten besser ausgelastet und Verschwendung vermieden werden: Eine verpflichtende Mitfahrbörse sorgt dafür, dass Kraftfahrzeuge mehr Passagiere und / oder mehr Güter transportieren. Sogenannte intelligente Stromnetze koordinieren den Verbrauch mit dem aktuellen Angebot.

Solche Ansätze überschreiten den Horizont einzelner Unternehmen – angeblich ja die Innovationstreiber – und daher spielen sie in der Debatte keine Rolle. Aber mit Effizienzgewinnen innerhalb der bestehenden Strukturen allein lässt sich die Klimakrise nicht entschärfen. Die Größenverhältnisse passen einfach nicht zueinander: Laut Weltklimarat müssen die THG-Emissionen von aktuell etwa 52 Milliarden Tonnen $CO_2$-Äquivalente jährlich bis zum Ende des

Jahrzehnts auf etwa 38 Milliarden sinken, damit die Erwärmung (wahrscheinlich) unter zwei Grad bleibt. Von 2030 bis 2040 muss der Ausstoß weiter auf 25 Milliarden Tonnen jährlich sinken. Ein vollständiger und globaler Umstieg auf Elektromobilität im Verkehrsbereich (gegenwärtig etwa acht Milliarden Tonnen pro Jahr[148]) könnte bei optimistischer Berechnung vielleicht zwei Milliarden Tonnen einsparen. Die jährlichen Emissionen würden dadurch von 52 auf 50,5 Milliarden Tonnen sinken. Natürlich, auch Kleinvieh macht Mist, aber eben manchmal nicht genug.

Eine britische Forschungsgruppe hat eine industriepolitische Strategie entwickelt, die ausschließlich auf bestehender Technik beruht. Als schnell wirkende Maßnahmen empfehlen sie elektrischen Schienenverkehr auf Grundlage Erneuerbarer Energie, fleischlose Ernährung und Heizen mit Wärmepumpen. »Es gibt zwar viele neue Ideen über elektrische Flugzeuge, aber in den nächsten 30 Jahren werden sie nicht in kommerziellem Umfang einsetzbar sein«, schreiben die Forscher*innen und fügen lakonisch hinzu: »Null Emissionen bedeutet daher, dass wir für eine gewisse Zeitspanne alle aufhören, Flugzeuge zu benutzen. … Wir müssen diese Herausforderungen als Gesellschaft diskutieren. Solange wir uns die Tatsache nicht eingestehen, dass technologische Durchbrüche nicht schnell genug kommen werden, können wir diese Debatte nicht einmal anfangen.«[149]

Zugegeben, kaum ein technischer Durchbruch wurde von den Zeitgenossen erwartet. Vielleicht, hoffentlich löst eine geniale Erfindung die Probleme, zum Beispiel im Bereich der Batterietechnik. Sich darauf zu verlassen, wäre Irrsinn. Wir haben nicht die Zeit, um auf die Erfindungen von morgen zu warten.

## Ungelöstes Problem Kohlenstoffeinlagerung

In gewisser Hinsicht sind technologische Durchbrüche allerdings fest eingeplant. Die Szenarien des Weltklimarates zur THG-Konzentration und der entsprechenden Erwärmung beruhen auf *nega-*

*tiven Emissionen*. Kohlendioxid muss aus der Atmosphäre entfernt werden.* »Die Szenarien zum 1,5-Grad-Ziel basieren auf der Entnahme von enormen Mengen an $CO_2$ – 730 Milliarden Tonnen bis 2100«, schreiben Oliver Geden und Felix Schenuit von der Stiftung Wissenschaft und Politik (SWP). Diese Menge entspricht »fast dem 15-Fachen des gegenwärtigen jährlichen Ausstoßes«.[150] Aber wie der Kohlenstoff eingelagert wird – und wer das finanziert –, ist nicht klar. »Beim gegenwärtigen Forschungs- und Entwicklungsstand ist unsicher, wie groß die Potentiale einzelner Methoden tatsächlich sind und wie schnell sie ausgebaut werden können.«[151]

Kohlendioxid kann mit unterschiedlichen Methoden eingefangen und verdichtet werden. *Carbon Capture and Storage* (CCS) kommt in industriellen Anlagen zum Einsatz. Bei diesen Verfahren wird $CO_2$ nach der Verbrennung von Kohle oder Erdgas aus dem Rauch gezogen. An Ende eines Fabrikschornsteins geht das noch am einfachsten, aber auch dort besteht die Abluft nur zu einem kleinen Teil aus dem Gas. Nach der Konzentration kann es verflüssigt und weiterverwendet oder aber unter die Erde gepumpt werden. CCS senkt allerdings den Wirkungsgrad um bis zu 15 Prozent und verbraucht daher mehr Energieträger. Eine Überblicksstudie von 2009 beziffert den Energiemehrbedarf bei Kohlekraftwerken sogar auf 24 bis 40 Prozent.[152] Auch der Wasserbedarf für die »Gaswäsche« ist erheblich.

Außerhalb von Fabriken und Kraftwerken kann $CO_2$ direkt aus der Luft gefiltert werden (*Direct Air Carbon Capture and Storage*, DACCS). Weil die Konzentration geringer ist als im Rauchgas einer industriellen Anlage, muss mehr Energie für die Abscheidung aufgebracht werden. Schließlich kann die Kohlenstoffbindung auch den Umweg über Pflanzen nehmen. Dann wird Biomasse angebaut, für die Energiegewinnung verbrannt und das dabei entstehende $CO_2$ eingefangen (BECCS). Auch diese Verfahren führen zu erheblichen Energieverlusten.

---

* Negative Emissionen sind auch notwendig, weil manche Quellen für THG auf absehbare Zeit – vielleicht für immer! – nicht zu ersetzen sind.

Der Energiesektor vermarktete CCS seit langem als »*Clean Coal*«. So soll der Eindruck entstehen, Kohle und Gas zu verbrennen sei auch »klimafreundlich« möglich. In Wirklichkeit ist der Nutzen fragwürdig: »Die Abscheidung und Speicherung von Kohlendioxid führte kaum zu einer Verbesserung der Ökobilanz der Kohle- und Erdgaskraftwerke, was auf den Material- und Energieverbrauch dieser Maßnahmen zurückzuführen ist«, heißt es in einem Bericht des Wissenschaftlichen Dienstes des Bundestags.[153] In Zukunft würde die Industrie gerne Wasserstoff mit Erdgas produzieren (»grauer Wasserstoff«). Um die Emissionen dennoch zu begrenzen, könnte nach ihren Vorstellungen das Kohlendioxid mit CCS eingefangen werden (»blauer Wasserstoff«).

Für die langfristige Lagerung wird das $CO_2$ tief unter die Erdoberfläche gepresst, in Salzstöcke, tiefe Kohleflöze oder ehemalige Gas- und Ölfelder. Ein hoher Druck und Abdichtungen nach oben verhindern, dass es entweicht. Allerdings verdrängt es Wasser und verändert die unterirdischen Druckverhältnisse. Ob diese Lagerstätten langfristig dicht genug sind, ist unklar.[154] Bisher bremsen hohe Kosten und fehlende Infrastruktur die $CO_2$-Einlagerung. Die Internationale Energieagentur (IEA) forderte 2009, bis zum Jahr 2020 hundert Projekte zu starten und 300 Millionen Tonnen $CO_2$ zu speichern. Aber trotz staatlicher finanzieller Förderung wird CCS immer noch nicht in großem Umfang eingesetzt. Laut IEA waren im Jahr 2020 weltweit gerade einmal 19 Anlagen in Betrieb, 32 weitere im Bau oder in Planung.* Bei voller Auslastung wären sie in der Lage, insgesamt 40 Millionen Tonnen $CO_2$ jährlich zu konzentrieren – bei knapp 36 Milliarden Tonnen im Jahr 2018 ein Tropfen auf dem heißen Stein.[155]

In den USA, Kanada, Australien, Norwegen und einer Handvoll anderer Länder existieren Anlagen, die aber allesamt nicht profitabel wirtschaften. Für die Industrie ist mit CCS noch kein Geschäft

---

* Der »Global Status Report 2020« des privaten *Global CCS Institute* spricht dagegen von 26 aktiven Anlagen mit einer jährlichen Verpressung von 30 Millionen Tonnen $CO_2$.

zu machen. Ein Emissionshandel mit steigenden Preisen könnte das ändern, aber ein schneller Durchbruch ist nicht zu erwarten. Eine Tonne $CO_2$ »aus den gegenwärtigen Pilotprojekten kostet zwischen 94 und 232 US-Dollar, wobei Prognosen von einem Preisabfall auf unter 60 US-Dollar bis zum Jahr 2040 ausgehen.«[156] Dieser Schnäppchenpreis läge aber immer noch mindestens sechsmal höher als die durchschnittlichen Kosten der Einlagerung derselben Menge durch Aufforstung.

Auch BECCS ist nicht die Lösung. Die Preise für die Abscheidung einer Tonne $CO_2$ liegen, je nach Verfahren, zwischen 30 und 400 Dollar (2020). »Selbst wenn die Menschheit keine Nahrungsmittel mehr anbauen würde, entspräche der Ertrag nicht einmal der Hälfte dessen, was heute Erdöl und Erdgas liefern.«[157] Die Klimawissenschaftler Kevin Anderson und Glen Peters vom *Center for International Climate and Environmental Research* weisen darauf hin, dass der Landbedarf für eine Umstellung der Energieversorgung auf BECCS etwa der Fläche Indiens entspräche.[158] Außerdem, argumentiert Peters, seien die Verfahren technisch noch nicht reif, unerwartete Schwierigkeiten könnten auftreten. »Wenn wir uns heute so verhalten, als hätten wir in der Zukunft diese Freikarten, und dann stellen wir in 20 Jahren fest, dass es solche Technologien nicht gibt, sind wir bereits auf einer höheren Temperaturstufe gefangen.«[159]

Vielversprechend, aber noch experimentell ist die sogenannte Künstliche Photosynthese: Mit chemischen Verfahren wird Kohlenstoff aus der Luft mithilfe von Wasser und Sonnenlicht gebunden. Das Verfahren übertrifft die Energieausbeute von Pflanzen deutlich. So könnte auf den knappen Flächen deutlich mehr $CO_2$ eingefangen werden als mit natürlichen Senken wie Wäldern oder technischer Kohlenstoffabscheidung. Aber ob die Künstliche Photosynthese jemals aus dem Laboratorium herauskommt, steht nicht fest.

Laut einer Forschungsagenda der US-amerikanischen Nationalakademien, die 2019 veröffentlicht wurde, müssen die negativen Emissionen bis zum Jahr 2050 auf zehn Milliarden Tonnen $CO_2$ jährlich gesteigert werden. Julio Friedmann von der New Yorker

Columbia Universität erläutert diese Herausforderung mit einem bildhaften Vergleich: »Wir müssen eine Industrie aufbauen, die genauso groß wie die Öl- und Gasindustrie, aber sozusagen rückwärts läuft. Und die Uhr tickt! Wenn wir 200 Jahre Zeit hätten, wäre ich deutlich entspannter. Aber wir haben nur 30 Jahre.«[160]

Bemerkenswerte Aussichten, wie immer die negativen Emissionen letztlich umgesetzt werden: Eine weltweite Industrie lagert $CO_2$ ein, während Kohlekraftwerke, Verbrennungsmotoren und industrielle Landwirtschaft weiter THG freisetzen. Weder CCS-Lagerstätten, noch natürliche Senken können sich selbst überlassen bleiben. Sie müssen von geschultem Personal überwacht beziehungsweise gepflegt werden. Wer wird dafür aufkommen?

## Auch die natürliche Kohlenstoffbindung stößt an Grenzen

An Land speichern Wälder und Moore Kohlendioxid auf natürliche Weise, im Meer das Plankton. Im Gegensatz zu CCS, DACCS oder BECCS können wir uns darauf verlassen, dass diese natürlichen Senken funktionieren. Das Problem einer sicheren Endlagerung stellt sich nicht. Aber die steigende Menge des $CO_2$ überfordert auch ihre Kohlenstoffaufnahme.

Wir können Wälder wieder aufforsten oder neue anpflanzen. Allerdings dauert es einige Jahre, bis sie in nennenswertem Umfang Kohlenstoff einlagern. Ab einem bestimmten Alter der Bäume wird das Wachstum wieder schwächer. Irgendwann kann zusätzlicher Kohlenstoff nur gebunden werden, indem geschlagene oder gefallene Bäume zu Holz verarbeitet werden.* 2019 veröffentlichten Wissenschaftler*innen der ETH Zürich eine Studie, in der sie vorrechneten, dass mit einer Aufforstung von 900 Millionen Hektar 205 Milliarden Tonnen Kohlendioxid aus der Atmosphäre entfernt

* Ideal wäre, möglichst große Mengen Holz in möglichst langlebige Gebäude oder Gebrauchsgegenstände zu verwandeln. Wird das Holz verbrannt, kehrt das eingelagerte $CO_2$ wieder in die Atmosphäre zurück.

werden könnten.[161] Leider handelt es sich um eine Milchmädchenrechnung. Die erwartbare Aufnahme durch Bäume und die verfügbare Landfläche sind deutlich kleiner. Möglicherweise summieren sie sich bei maximaler Aufforstung auf nur 20 Milliarden Tonnen (also gerade einmal zwei Drittel der Jahresmenge 2020!).[162] Eine Deckung mit Wald wäre in vielen Regionen sogar schädlich, weil sie die Reflexion der Sonnenenergie (Albedo) senken und dadurch die Erwärmung noch beschleunigen würde. Wälder haben außerdem einen großen Wasserbedarf, der umliegende Ökosysteme gefährdet. Eingriffe in diesem Umfang lassen die anderen biogeochemischen Kreisläufe nicht unberührt. Sie haben unvermeidlich Folgen an anderen Orten, zum Beispiel für die Biodiversität oder die Wasserkreisläufe.

Wir müssen mit landschaftspflegerischen oder großtechnischen Methoden Senken aus- und umbauen, damit sie viele Milliarden Tonnen Kohlenstoff zusätzlich aufnehmen können. Streng genommen zählt auch das bereits zum sogenannten *Geoengineering*, Klimareparaturversuche durch die Manipulation der biogeochemischen Kreisläufe. Andere Vorschläge sind die Verschattung der Erde, indem Schwefelpartikel in der Stratosphäre ausgebracht werden (*Solar Radiation Management*) oder Eisendüngung im Meer, um zusätzliches Algenwachstum auszulösen. Allerdings kennen wir die biologischen und klimatischen Zusammenhänge, auf denen das Erdsystem beruht, bisher nur in Ansätzen. »Ingenieurwissenschaftliche Lösungen« entsprechen dem Versuch, ein System zu steuern, das wir nicht verstehen. Im Gegensatz dazu lassen sich die Folgen der Wiederaufforstung immerhin kontrollieren und rückgängig machen.

## Verzweifelter Futurismus

Wenn die menschliche Gesellschaft im Anthropozän zum »Hüter des Erdsystems« werden muss, sollte sie wenigstens umsichtig vorgehen. Mit *Solar Radiation Management* in die Sonnenstrahlungsbilanz einzugreifen, das bedeutet nicht weniger als mit dem Erdsystem zu experimentieren. Solche Methoden des Geoengineering sind vergleichbar damit, über einen heiß gelaufenen Motor einen Eimer Wasser zu kippen oder eine stotternde Maschine kräftig zu treten. Kann funktionieren. Oder sie endgültig außer Betrieb setzen.

Je stärker sich die Klimakrise im Alltag bemerkbar macht, umso wilder, scheint es, werden die Versprechen. Statt die planetaren Grenzen anzuerkennen, setzen Investoren Hoffnungen auf »Asteroiden-Bergbau«, um im Weltraum Metalle wie Kupfer abzubauen.[163] Als Reaktion auf die Bodenkrise wandert landwirtschaftliche Erzeugung in die Innenräume (*Controlled Environment Agriculture*). Wie ein *deus ex machina* soll sie die Probleme lösen. Aber es rettet uns kein höh'res Wesen namens Technologie.

In den 1990er Jahren versuchte ein amerikanisches Forschungsprojekt ein funktionierendes Ökosystem sozusagen abzuspalten. Die »Biosphäre 2« (im Gegensatz zur »Biosphäre 1«, die wir bewohnen) sollte auf autarken Kreisläufen beruhen, laut Aussage der Forscher*innen »wie ein Planet in der Flasche«. In einer Wüste im US-Bundesstaat Arizona wurde ein hermetisches Bauwerk mit Kuppeln aus Beton, Metall und Glas errichtet und mit Pflanzen und Tieren besiedelt. Auch acht Menschen zogen ein.* Die Stoffkreisläufe im Innern wurden mit Pumpen, Filtersystemen und Ventilatoren aufrechterhalten.

Eigentlich wollten die Bionauten das künstliche Ökosystem mehrere Jahre lang bewohnen. Allerdings fiel der Sauerstoffgehalt in der Luft schnell um 14 Prozent, weil der Stahlbeton ihn absorbierte. Mikroben im Ackerboden, die offenbar nicht in die Planung eingeweiht waren, ließen die Konzentrationen von Kohlendioxid und Lachgas in die Höhe schnellen. Ihre Werte schwankten fortwährend und erreichten zeitweise gesundheitsschädliche Höhen.

* Für die Freund*innen merkwürdiger Zufälle: Einer der leitenden Mitarbeiter der Biosphere 2 war ein gewisser Stephen Bannon, der spätere Berater des US-Präsidenten Donald Trump.

19 der 25 eingeführten Wirbeltiere und alle Bestäuber starben aus, während Ameisen und Schaben überhandnahmen.[164] Die wesentliche Erkenntnis, die sich aus diesem Experiment ziehen lässt, lautet schlicht: mehr Bescheidenheit. Wir reproduzieren die Natur nicht. Wir reproduzieren uns mit den Mitteln, die sie uns zur Verfügung stellt. Unsere Produktivkräfte sind auch ihr *Geschenk*.

## 6.
## Was bürgerliche Umweltpolitik vermag – und was nicht

Alles muss sich ändern, sagt die staatstragende Ökologie. Wir brauchen eine »große Transformation«, eine »Nachhaltigkeitsrevolution«. »Bei den aktuellen Veränderungen geht es nicht einfach nur um einen Erkenntnisprozess, sondern um eine fundamentale Erweiterung und institutionelle Verankerung eines neuen Wertegefüges in der Weltgemeinschaft«, schreibt Uwe Schneidewind, Präsident des Wuppertal Instituts für Klima, Umwelt, Energie.[165] Ähnlich pathetisch heißt es in einem Gutachten des Wissenschaftlichen Beirats Globale Umweltprobleme: »Die Gesellschaften müssen auf eine neue ›Geschäftsgrundlage‹ gestellt werden. Es geht um einen neuen Weltgesellschaftsvertrag für eine klimaverträgliche und nachhaltige Weltwirtschaftsordnung.« Große Worte, davon viele: »Individuen und die Zivilgesellschaften, die Staaten und die Staatengemeinschaft sowie die Wirtschaft und die Wissenschaft übernehmen kollektive Verantwortung als Teil des Erdsystems.«[166]

Die kommende Transformation verändert angeblich alles. Staat, Unternehmen und Verbraucher sollen Verantwortung für den Planeten übernehmen, aber ihre jeweilige gesellschaftliche Position soll genau dieselbe bleiben. Macht und Eigentum sind wie der sprichwörtliche Elefant im Zimmer: Keiner der Anwesenden spricht aus, dass sie da sind.

Im Herbst 2020 überraschte Bundeswirtschaftsminister Peter Altmaier mit einem »historischen Kompromissvorschlag« (so die Pressemeldung). »Spätestens 2050« sollen in Deutschland keine

Treibhausgase mehr ausgestoßen werden, die über die Klimaneutralität hinausgehen. Allerdings müssten wir dieses Ziel unbedingt mit »marktwirtschaftlichen Mechanismen« erreichen. Nach Altmaiers Vorstellungen unterzeichnen Bundesländer, Kommunen, Unternehmen und Verbände eine Charta, die sowohl eine »Klimagarantie«, als auch eine »Wirtschaftsgarantie« enthält. Damit verpflichten sie sich, »die notwendigen und geeigneten Maßnahmen zur Erreichung der Klimaziele und zur Erhaltung der Wirtschaftskraft zügig zu ergreifen und umzusetzen«. »Die Wirtschaft«, das scheint ein zartes Pflänzchen zu sein, ebenso schutzbedürftig wie das Klima. Geradezu ungerecht: Viele bekommen wegen der armen Eisbären feuchte Augen, aber weint jemand, weil die Unternehmen schwer an ihrer »Steuerlast« tragen? Manchen droht sogar das Aussterben!

Seinen Vorstoß begründete der Bundeswirtschaftsminister so: »Wirtschaft und Klimaschützer müssen erkennen, dass sie nur gemeinsam gewinnen können.« Das Manöver steht mustergültig für die Umweltpolitik der vergangenen Jahrzehnte: »ambitionierte Ziele«, große Worte, starke Symbole – die Charta enthält keine konkreten Verpflichtungen –, aber keine staatlichen Vorschriften oder Auflagen für die Unternehmen, die ihre Kosten erhöhen würden.

Stattdessen werden die Verbraucher*innen in die moralische Pflicht genommen oder ihr Konsum mit »marktwirtschaftlichen Instrumenten« gesteuert. Sogenannte Ökosteuern oder der EU-Emissionshandel setzen bei den Preisen an. Der Steuerungsansatz erkennt an, dass die natürlichen Ressourcen und ökologischen Kreisläufe innerhalb kapitalistischer Kalküle wert- und daher bedeutungslos sind. Aber anstatt schädliche Produktionsmethoden gesetzlich zu untersagen (»Ordnungspolitik«), sollen »die Preise die ökologische Wahrheit sagen« (manchmal auch die »Kostenwahrheit«). Verteuern statt verbieten, lautet das Prinzip. Die ökologische Zerstörung wird sozusagen eingepreist.

Auf die marktwirtschaftlichen Instrumente setzt der Mainstream der Umweltschutzbewegung, beispielsweise der Bund für Umwelt und Naturschutz (BUND), das Wuppertal Institut oder »Bündnis 90/Die Grünen«. Selbst manche Aktivist*innen in der Klimagerechtigkeitsbewegung halten sie zumindest für das kleinere Übel. Schließlich drängt die Zeit; da ist jede Emissionsminderung, wie immer sie auch erzielt wurde, willkommen. Aber solche Reformen sind untauglich, um der Klimakrise zu begegnen: Die vermeintliche Kostenwahrheit ist ein fragwürdiges ideologisches Konstrukt. Die Marktinstrumente lenken Kapital nicht (schnell genug) in Richtung Dekarbonisierung. Weil sie sozial ungerecht sind, wenden sich viele Menschen gegen jede Form von Klimaschutz.

## Die (fehlenden) theoretischen Grundlagen

Sofern die natürlichen Lebensgrundlagen überhaupt betrachtet werden, behandelt die Neoklassik sie äußerst grobschlächtig. Die Umweltzerstörung entsteht angeblich, weil die natürlichen Ressourcen keine angemessenen Preise tragen und Eigentumsrechte ungeklärt sind. Entsprechend ihrer Präferenzen wollen die Marktakteure Ressourcen für unterschiedliche Zwecke nutzen. Entsprechend gilt die Klimakrise als bloßer Nutzungskonflikt. Polemisch ausgedrückt: die einen brauchen die Erdatmosphäre für ihre Abgase, die anderen möchten sie lieber zum Atmen verwenden. Das Desinteresse an den wirklichen ökologischen Zusammenhängen treibt kuriose Blüten. Neoklassische Autor*innen bescheinigen dem Klimaabkommen von Paris wohlwollend, es sei »kosteneffizient, unabhängig von normativen Annahmen und zeitlichen Präferenzen«[167] oder berechnen den monetären Wert der Biodiversität, als ließe sich diese mit Marsbewohnern eintauschen.[168] Überlebensfragen der Menschheit werden in nutzlose Nutzenfunktionen gezwängt.

Unterstellt wird, dass Märkte »im Prinzip« effizient funktionieren. Die Warenpreise lenken Angebot und Nachfrage. »Preise senden Signale, an denen die Akteure ihr individuelles Handeln ausrichten, und sorgen auf diese Weise für die Koordination aller Einzelentscheidungen«, heißt es denn auch im »Sondergutachten Aufbruch in eine neue Klimapolitik« der sogenannten fünf Wirtschaftsweisen aus dem Jahr 2019.[169] So auch beim Handel mit $CO_2$-Zertifikaten (auch Verschmutzungsrechte genannt). Der Staat legt eine Ober- und eine Untergrenze fest, die für jede emittierte Tonne Kohlenstoff zu bezahlen ist. Innerhalb dieses Rahmens findet die Preisbildung über Angebot und Nachfrage statt. »Wer diesen Preis zahlt, erwirbt damit ein Eigentumsrecht auf einen kleinen Ausschnitt am globalen Deponieraum für Treibhausgase,« erklären die sogenannten Wirtschaftsweisen.[170] Die Käufer haben ein »Umweltnutzungsrecht« erworben.

Welcher Preis ist angemessen für ein Stück atmosphärische Müllhalde? Innerhalb der neoklassischen Theorie löst diese Frage eine Menge Kopfzerbrechen aus. Käufer*innen orientieren sich angeblich am erwarteten Nutzen. Der wiederum hängt von ihrer zeitlichen Präferenz ab. Manche Eigentümer sind geduldig, sie nutzen ihre Rechte langfristig. Andere nicht, sie hauen ihr Kapital lieber gleich auf den Kopf. Ihre zeitliche Vorliebe wird mit einer Abzinsung ausgedrückt. Der Erwartungsnutzen eines Verschmutzungsrechts sinkt, je mehr Zeit vergeht. Anders gesagt, der Deponierraum Erdatmosphäre ist übermorgen weniger wert als morgen. Aber die Lebewesen benötigen die Atmosphäre jetzt so sehr wie in der Zukunft. Sollen die Interessen kommender Generationen eingepreist werden? Das Problem läuft auf die Frage hinaus, ob Enkelkinder weniger nützlich sind als Kinder. Wenn sie gleich wertvoll sind, liegt die Abzinsung bei Null. Die Suche nach dem richtigen Preis führt geradewegs ins Absurde.

In einem Report aus dem Jahr 2010 (»Ökonomie der Ökosysteme und Biodiversität«) bezifferte eine Arbeitsgruppe der Vereinten Nationen den Wert der jährlichen »Bestäubungsleistung« durch Insekten auf 153 Milliarden US-Dollar. Aufwendige Berechnungen waren notwendig, um den Preisanstieg von Gemüse und Obst abzuschätzen, falls die Bestäuber aussterben. Aber diese Insekten und andere Tiere sind Glieder von Nahrungsketten. Ihr Aussterben wird ganze Ökosysteme destabilisieren und auch für die menschliche Gemeinschaft Folgen haben.

Solche Zahlenspiele sollen der Öffentlichkeit vermitteln, dass die Natur etwas wert ist. Aber sie nähren nur die Illusion, das ökologische System ließe sich in Geldwerten fassen. Die Ressourcen und ökologischen Abläufe werden wie »Dienstleistungen der Natur« behandelt, obwohl es sich immer nur um Abschnitte der stofflichen und energetischen Kreisläufe handelt. Sie lassen sich nicht sinnvoll summieren. Die Arten, die von der Ausübung der jeweiligen Eigentumsrechte betroffen sind, stehen in einem komplexen und dynamischen Zusammenspiel. Jede Bepreisung beruht daher auf willkürlichen oder erwiesenermaßen falschen Annahmen.* Selbst einige neoklassische Autoren räumen ein, dass »das Verschwinden von ganzen Ökosystemen … eine ökonomische Bewertung verbietet. Auch die begrenzte Substituierbarkeit von Umweltgütern oder die Irreversibilität ihrer Schädigung kann als eine solche Grenze angesehen werden.«[171]

Die neoliberale Umweltschutzbewegung kritisiert die Wertlosigkeit der Natur. Erst wenn es teuer wird, Flüsse zu verschmutzen oder Tiere auszurotten, lautet die Argumentation, werden die Unternehmen damit aufhören. Die ökonomische Leistung des »Naturkapitals« (Hans Christoph Binswanger) soll in den Bilanzen berücksichtigt werden. Daher zielen viele dieser Reformprojekte auf komplizierte Umrechnungsverfahren oder sogar Parallelwährungen (wie das »Energieressourcengeld« von Franz Groll), um die Ökosystemleistungen in die Geldströme zu integrieren.[172]

In der Praxis ist das leichter gesagt als getan. Schließlich überschreiten die natürlichen Ressourcen und Kreisläufe des Erdsystems die Grenzen eines bestimmten Grundstücks. Wasser fließt hindurch, Abluft verteilt sich, Pflanzen und Tiere kommen und

* Im Fall der Biodiversität ist die Bepreisung schon deshalb fragwürdig, weil wir gar nicht wissen, wie viele Arten überhaupt insgesamt existieren.

gehen. All das in einer Art bioökonomischer Gesamtrechnung zusammenzufassen, ist praktisch unmöglich. Aber um Eigentum zu schützen, muss es gekennzeichnet werden, und um Preise zu berechnen, sind Mengenangaben unabdingbar. Vertreter des »*Free Market*-Umweltschutzes« haben deshalb vorgeschlagen, bedrohte Tierarten wie Wölfe mit elektronischen Halsbändern auszustatten oder Wale mit Satelliten zu überwachen.[173]

Natürlich wurden diese Vorschläge nicht umgesetzt. Aber auch die Bepreisung von Kohlenstoff erfordert einen enormen Aufwand für die Messung, Kontrolle und Überwachung. Beim sogenannten *Carbon Farming* beispielsweise wird die $CO_2$-Bindung in Wäldern und Mooren ermittelt. Zu diesem Zweck werden Bäume tagelang ausgemessen, mit Bildaufnahmen von Drohnen entsprechend des Alters klassifiziert (weil junge Bäume mehr Kohlenstoff binden) und komplizierte Berechnungen angestellt.[174] Der abgegriffene Ausdruck vom »bürokratischen Monster« passt dieses eine Mal wirklich.

## Umweltschutz geht angeblich nur mit staatlichem Zwang

Die Abwehr von Eingriffen in die Kapitalfreiheit ist der eigentliche Daseinszweck der neoklassischen/neoliberalen Theorien. Die weit verbreitete Annahme, sie seien deswegen grundsätzlich staatsfeindlich, ist dennoch verkehrt.[175] Ganz im Gegenteil, denn nur der Staat kann Eigentumsrechte durchsetzen. Ein nachhaltiger selbstorganisierter Umgang mit Natur abseits vom Privateigentum wird dagegen theoretisch zu einer Unmöglichkeit erklärt.

Dafür steht sinnbildlich die »Tragik der Allmende«. Der Biologe Garrett Hardin versuchte, mit diesem Modell die Überausbeutung von Ressourcen zu erklären. Früher nutze die Dorfbevölkerung bestimmte Waldstücke und Weiden gemeinsam, die Allmende.* Aber,

* Der englische Ausdruck lautet *commons*.

argumentiert Hardin, ein kostenfreier Zugang führt dazu, dass Hirten und Holzsammler Wald und Weide übermäßig in Anspruch nehmen und sie dadurch letztlich zerstören. Hardin überträgt dieses Modell auf die industrielle Naturaneignung. »Luft und Wasser sind verschmutzt, weil sie als Allmende behandelt werden. Nur wenn das Prinzip der Allmende durch ein verantwortliches Kontrollsystem ersetzt wird, können Land, Luft, Wasser und die Hochseefischerei gerettet werden.«[176]

Garrett Hardin legt sich ausdrücklich nicht fest, ob dieses Kontrollsystem ordnungspolitisch (also mit staatlichen Verboten) oder mit Hilfe des Preismechanismus den Zugang regeln soll. »Soziale Arrangements, die Verantwortung erzeugen, sind solche, die auf die ein oder andere Weise Zwang erzeugen. … Besteuerung ist ein guter Zwangsmechanismus.«[177] Und am Beispiel der Nationalparks in den USA führt er aus: »Wir können sie als Privateigentum verkaufen. Oder wir können sie im öffentlichen Besitz behalten, aber das Recht auf Eintritt zuteilen.«[178] In jedem Fall aber vermittelt der Staat – und nur der Staat! – zwischen individuellem Nutzungsrecht und natürlichen Lebensgrundlagen.

Die »Tragik der Allmende« ist theoretisch und historisch fragwürdig. Wie viele Glaubenssätze der bürgerlichen Wissenschaft überträgt sie aktuelle Verhältnisse in die Vergangenheit und in die Zukunft. Garrett Hardin unterschied beispielsweise nicht zwischen kapitalistischen Unternehmen, die ihren Input tatsächlich ständig vergrößern müssen, und Fischer- oder Bauerngemeinden, die Ressourcen über Generationen erhalten.* Die Politikwissenschaftlerin Elinor Ostrom hat nachgewiesen, dass die Verwaltung von Umwelträumen als Allmende einer staatlichen Überwachung überlegen sein kann.[179] Es gibt eine Welt jenseits von Markt und Staat.

---

* Dass die bürgerliche Ökologie undifferenziert auf Eigentumsrechte setzt, hat konkrete umweltpolitische Folgen. Sie behandelt lokale Kleinbauern, die in Naturschutzgebieten Tiere erjagen oder Bäume fällen, ebenso wie transnationale Unternehmen, die Monokulturen errichten. Einerseits weltfremd, andererseits folgerichtig: Wer ein Umweltnutzungsrecht erworben hat, darf es auch nutzen.

## Besteuern, um umzusteuern?

Kommen wir von der Theorie zur Praxis: Wie funktionieren die »marktwirtschaftlichen Instrumente«? Joe Kaeser, der ehemalige Vorstandsvorsitzende von Siemens, brachte das Prinzip einmal folgendermaßen auf den Punkt: »Wenn einer SUV fahren will, dann lassen Sie ihn doch! Aber dann kostet das halt nicht 500 Euro, sondern 5.000 Euro Steuern im Jahr.«[180] Spielen wir das Problem an diesem Beispiel durch.

Wenn die Besteuerung erreichen soll, dass der Staat Geld einnimmt, dürfen die Autofahrer nicht aufhören, solche Fahrzeuge zu kaufen. Eigentlich banal, aber genau dies war der Fall bei den Steuergesetzen der rot-grünen Bundesregierung 1999. Höhere Einnahmen aus den gestiegenen Energiesteuern waren im Haushalt eingeplant. Zum Glück für die Staatskasse verbrauchten die Deutschen weiterhin Strom, Treibstoff und Heizöl. Dies führt zum ersten Haken an der Sache: Was hätten sie sonst tun sollen? Ein umweltschädliches Produkt zu verteuern, hilft nur, wenn Alternativen zur Verfügung stehen. Solange keine anderen Möglichkeiten der Mobilität vorhanden sind (beispielsweise schnelle und günstige öffentliche Verkehrsmittel), bleibt den Menschen gar nichts anderes übrig, als weiterhin ein Auto zu nutzen.

Die Marktinstrumente gelten als liberaler und flexibler als staatlicher Zwang, angeblich schränken sie die Freiheit von Herstellern und Kunden weniger ein. Aber wenn sich eine Steuer auf den SUV tatsächlich verzehnfacht, wie Joe Kaeser vorschlägt, wirkt sie »prohibitiv«. Dann erreicht sie denselben Effekt wie ein Verbot, und das ist schließlich Sinn der Sache: Die Kosten müssen hoch genug sein, um schädliche Produkte und ihre Hersteller aus dem Markt zu drängen. Bis zu diesem Zeitpunkt bestimmt allerdings die individuelle Kaufkraft darüber, wer sich den SUV leisten kann und wer nicht.

Der Ressourcenverbrauch steigt proportional zum Einkommen und dem Vermögen an. Reiche haben größere Wohnungen und

Autos, sie fliegen häufiger und konsumieren mehr. Das wohlhabendste Zehntel der Bundesdeutschen verursacht drei- bis viermal so viele THG-Emissionen wie das ärmste Zehntel. Auch europaweit tragen die ärmeren Schichten viel weniger zur Umweltbelastung bei. Eine Auswertung des *Stockholm Environment Institute* vom Herbst 2020 ergab, dass in den Jahren von 1990 bis 2015 die Pro-Kopf-Emissionen in der EU in der Gruppe mit geringen und mittleren Einkommen sanken (-24 Prozent beziehungsweise -13 Prozent), während die Emissionen der reichsten zehn Prozent sogar gestiegen sind (+ 3 Prozent). Laut einer anderen Studie verursacht diese Bevölkerungsgruppe etwa ein Viertel der $CO_2$-Emissionen in der EU.[181]

Global betrachtet ist das Missverhältnis noch größer. »Die Emissionen des reichsten einen Prozents der Weltbevölkerung übertreffen das Doppelte der Emissionen der ärmsten 50 Prozent«, heißt es im *Emissions Gap Report 2020* des Umweltprogramms der Vereinten Nationen.[182] »Diese Elite wird ihren Fußabdruck um den Faktor 30 vermindern müssen, um im Rahmen des Pariser Klimaabkommens zu bleiben.«[*] Weltweit nutzen die obersten zehn Prozent der Einkommen ungefähr 45 Prozent der Energie, die für Landverkehr verausgabt wird, die untersten 50 Prozent der Einkommen 10 Prozent. Eine Studie zum Flugverkehr schätzt, dass im Jahr 2018 ein einziges Prozent der Weltbevölkerung die Hälfte der Emissionen verursachte![183] Nur zwei bis vier Prozent unternahmen überhaupt eine Flugreise ins Ausland.

Umweltsteuern verschärfen diese ungerechte Verteilung. Obwohl Ärmere weniger Ressourcen verbrauchen, werden sie von Ökosteuern stärker belastet. Sie müssen einen größeren Teil ihres Einkommens für Wohnen, Heizen, Strom und Lebensmittel ausgeben. Ein ökologisches Reformprogramm auf der Grundlage anziehender »Preissignale« führt dazu, dass die Gutsituierten unverdros-

---

* Der ökologische Fußabdruck der Superreichen könnte noch größer sein, mangels Daten lässt er sich kaum abschätzen.

sen Bio-Rindersteaks kauen und in den Winterferien nach Gomera fliegen können, während die Bevölkerungsmehrheit im *Discounter* mehr für Milch und Butter bezahlt und für ihren Heimweg doppelt so lange braucht.

Um diesen Effekt abzumildern, werden meist Ausgleichszahlungen vorgeschlagen. In der Schweiz zum Beispiel, wo seit 2008 eine »Lenkungsabgabe« auf $CO_2$ erhoben wird, bekommen die Bürger*innen zwei Drittel der Summe zurück. Der jährlich ausgezahlte Ökobonus ist für alle gleich hoch. Daher profitieren diejenigen mit niedrigerem Einkommen mehr, weil sie ja wegen ihres geringeren Verbrauchs weniger eingezahlt haben. Aber dann steht der zurückgezahlte Betrag wieder für den Konsum zur Verfügung, der seinerseits $CO_2$-Emissionen verursacht. »Wenn beispielsweise die Autobesitzer*innen das Geld zurückbekommen, das sie wegen einer erhöhten Mineralölsteuer an den Staat zahlen mussten, ... brauchen sie das Autofahren überhaupt nicht einzuschränken«, erklärt Saral Sarkar.[184] Kurz, wenn die marktwirtschaftlichen Instrumente den Konsum verteuern, sind sie ungerecht. Wenn sie es nicht tun, sind sie wirkungslos.

Ein solches Nullsummenspiel ist natürlich nicht beabsichtigt. Die Verbraucher*innen sind sozusagen nur Zwischenglieder zu den Unternehmen, die veranlasst werden sollen, energiesparender zu produzieren. Aber selbst wenn ihnen das gelingt, wird nicht unbedingt weniger Energie aufgewendet. Effizientere Verfahren führen selten zu einem geringeren Ressourcenverbrauch. Ein Beispiel für diese paradoxe Folge ist die Entwicklung beim elektrischen Licht. Glühbirnen benötigen weniger Strom, deshalb werden die Lichter gar nicht mehr ausgeschaltet. Oder, um beim Beispiel des SUV zu bleiben: Weil die Kraftausnutzung eines Fahrzeugs effizienter wird und der Benzinverbrauch entsprechend geringer, kann der Wagen bei gleichen Treibstoffkosten schwerer und schneller werden. Deshalb wuchs in Deutschland die durchschnittliche Antriebsleistung bei Neuwagen von 100 PS im Jahr 1997 auf 130 PS (2007) und dann abermals auf 152 PS (2017).

Dieses Phänomen wurde schon im 18. Jahrhundert durch den englischen Wirtschaftswissenschaftler William Stanley Jevons beschrieben. In seinem Werk »Die Kohle-Frage« heißt es: »Die Annahme, ein wirtschaftlicherer Gebrauch von Brennstoff sei gleichbedeutend mit dessen geringerem Verbrauch, ist völlig fehlgeleitet. … Was immer die Effizienz von Kohle steigert, wird daher dazu beitragen, den Wert der Dampfmaschine zu erhöhen und ihren Einsatz zu verbreiten.«[185]

## Mythos Markteffizienz

Das Jevons-Paradox – mehr Effizienz führt zu mehr Verbrauch – ist eine *Voraussetzung* für fortgesetztes Wirtschaftswachstum. Es käme zum Stillstand, sobald die Märkte gesättigt sind. »Jede Errungenschaft hinsichtlich Effizienzsteigerung wird bald vom unaufhaltsamen Prozess der Kapitalakkumulation wieder kompensiert, ja überkompensiert.«[186] Täglich sind Lobeshymnen auf die Weisheit, Flexibilität und Kreativität von Märkten zu hören. Aber in kapitalistischen Märkten ist *Verschwendung rational* und *effizient*. In Deutschland werden jedes Jahr 12 Millionen Tonnen Lebensmittel weggeworfen. Über ein Drittel dieser Nahrungsmüllhalde entsteht bei der Produktion, der Weiterverarbeitung und im Handel.[187] Andererseits bleiben produktive Potentiale ungenutzt, wenn sie nicht profitabel (genug) sind. Realistische Schätzungen gehen davon aus, dass Landwirte ein Fünftel der möglichen Erträge nicht ausschöpfen, weil sich die Steigerung der Ernte für sie finanziell nicht lohnt.[188]

Das gegenwärtige Agrarsystem produziert Mehrwert, aber ziemlich wenig Nährwert. »Die globale essbare Ernte an Kulturpflanzen entspricht etwa 4.600 Kilokalorien pro Person und Tag. Nur etwa 2.000 stehen tatsächlich für den Konsum zur Verfügung. Nach der Ernte entsteht ein Nettoverlust von 600 Kilokalorien (darin sind auch verdorbene Vorräte und Lagerbestände erfasst). Durch Vertrieb und im Haushalt kommen weitere 800 Kilokalorien Verluste hinzu und durch die Umnutzung von Kulturpflanzen zu Tierfutter sogar 1.200 Kilokalorien.«[189] Laut einer Berechnung von Philip McMichael benötigt die industrielle Landwirtschaft sogar 10 bis 15 Kalorien Energie, um eine einzige Kalorie Nahrung herzustellen.[190] Bei der »Veredelung« von Getreide in Fleisch müssen für jede Kalorie tierisches Protein achtmal so viele pflanzliche Proteine eingesetzt werden.[191] Um den Verbrauch fossiler Energieträger zu veranschaulichen, hat der Journalist Michael Pollan ausgerechnet, dass für einen Ochsen von der Geburt bis zur Schlachtung ungefähr eine Tonne Erdöl verfeuert wird.[192]

Kleidung, Waschmaschinen, Kühlschränke, Küchengeräte, Computer und Unterhaltungselektronik werden immer kürzer genutzt. Gebrauchsgegenstände werden derart gestaltet, dass sie nach einer gewissen Zeit unbrauchbar werden und sich nicht reparieren lassen. Verschleißteile können nicht ausgetauscht werden, zum Beispiel die Akkus von Mobiltelefonen. Die Digitaltechnik hat die Möglichkeiten zu dieser Gebrauchswertverminderung noch vergrößert. Geräte können nicht mehr benutzt werden, nur weil die Steuerungsprogramme nicht aktualisiert werden.* US-amerikanische Bäuer*innen zahlen Höchstpreise für alte Traktoren ohne digitale Steuerung, weil sie sie noch selbst reparieren können.

Diese Wegwerf-Produktion steigert den Ressourcenverbrauch und den Schadstoffeintrag. Aber der Nutzen ist nur ein Anhängsel – notwendig, sofern er zum Verkauf beiträgt, irrelevant, wenn er es nicht tut. Die Produktionskapazitäten müssen ausgelastet, Absatz und Umsatz gesteigert werden. Wenn alle Erwachsenen ein Auto besitzen, muss dieses größer, schwerer, schneller werden ... irgendwie besser. Wenn alle Haushalte über mindestens einen Fernseher

---

* Der Konzern Apple greift zu besonders rabiaten Methoden der Kundenbindung: Wer den Bildschirm oder die Kamera des iPhone 12 austauschen will, braucht dafür eine »App für die Systemkonfiguration«, die nur lizenzierte Händler bekommen: Selbst reparieren verboten!

verfügen, wächst die Auflösungsrate der Farbpunkte auf dem Bildschirm. Der strukturelle Aufbau von Überkapazitäten hat merkwürdige Produkte entstehen lassen.

In deprimierend vielen Fällen folgte die Nachfrage dem Angebot (das heißt: der Überkapazität), nicht umgekehrt. Die Erntemengen bei der Getreideproduktion erzwangen geradezu die Verwendung als Tierfutter, um sie zu Fleisch- und Wurstwaren zu »veredeln«. Die Überschüsse der Geflügelzucht führten zu *McNuggets, Kentucky Fried Chicken* und ähnlichen Fleischwaren. Die Überschüsse auf den Maisfeldern revolutionierten die Ernährung, wie der Filmemacher Curt Ellis in seiner Dokumentation »King Corn« herausarbeitet: »In den 1970ern wurden enorme Steigerungen der Erträge erreicht. Deswegen schien alles hilfreich, um diese gigantischen Maisberge abzutragen. Wie der Maissirup, der sich nun in Tausenden Produkten findet. Er ist überall, er ist in deiner Spaghettisoße oder in einem Laib Brot.«[193]

## Der Emissionshandel – ein gutes Instrument, aber schlecht genutzt?

Um den Klimawandel zu verlangsamen, muss der Energieumsatz sinken. Lässt sich dieses Ziel mit den marktwirtschaftlichen Instrumenten erreichen? In der EU müssen seit 1997 Unternehmen der Sektoren Energiewirtschaft, Metall, Chemie, Papier und Luftfahrt über das *Emission Trading System* (ETS) Zertifikate erwerben, um Treibhausgase freisetzen zu dürfen.

Weil zu viele Emissionsrechte ausgegeben wurden, sank der Preis pro Tonne $CO_2$ zeitweise unter fünf Euro, obwohl laut Umweltbundesamt eine Tonne Kohlendioxid Schäden in Höhe von 180 Euro verursacht.[194] Große Industriebetriebe verkauften ihre Zertifikate mit Gewinn weiter, während sie gleichzeitig riesige Mengen THG freisetzten. Im Rahmen der sogenannten *Offset*-Mechanismen können die Unternehmen ihre Emissionen ausgleichen, indem sie Umweltschutzmaßnahmen im Globalen Süden finanzieren (*Clean Development Mechanism*), zum Beispiel indem Wälder gepflanzt werden. Die Unternehmen können das Gefälle bei den (Lohn-)Kosten ausnutzen. Ob und in welchem Umfang weniger THG in die Atmosphäre gelangen, ist fraglich.[195] Im Fall der Aufforstung ist sie hypothetisch, weil solche Projekte Jahrzehnte lang betrieben werden müssen, bis tatsächlich Kohlenstoff gebunden wird.

Bis heute erfasst das ETS nicht alle Wirtschaftssektoren. Der angekündigte Kostendruck wurde durch die Ausnahmen und Ausgleichsmechanismen wieder ausgehebelt. 2020 wurden immer noch 70 Prozent der Zertifikate kostenlos verteilt, mit der Begründung, die Abwanderung der Unternehmen ins Ausland müsse verhindert werden. Selbst Fluggesellschaften bekommen Zertifikate geschenkt – würden sie sonst die Landebahnen einpacken und anderswo wieder aufbauen?

Auch die Befürworter der Marktinstrumente räumen ein, dass der Emissionshandel bisher nicht gewirkt hat. Aber, argumentieren sie, immerhin sei ein erster Anfang gemacht. In Zukunft könne das System ambitionierter gehandhabt werden. Aber selbst dann blieben grundlegende Probleme ungelöst. Sie beruhen einerseits auf der Konkurrenz auf dem Weltmarkt, andererseits auf der besonderen Dynamik von Rohstoffmärkten. Denn wenn durch die Verknappung der Zertifikate die Energiepreise steigen (und damit die für alle anderen Waren), droht die Verlagerung ins Ausland (»*Carbon Leakage*«). Ein wirksamer Emissionshandel müsste also alle Weltmarktakteure erfassen oder wenigstens die Abwanderung verhindern, zum Beispiel mit hohen Einfuhrzöllen. Sollte die Nachfrage nach Öl und Gas irgendwann wirklich zurückgehen, werden die exportierenden Länder voraussichtlich die Fördermenge erhöhen. Der Effekt: die Preise sinken, die erwünschte Verteuerung wird zunichte gemacht. Ein solcher Emissionshandel wirkt wie ein weltweites Kartell der Abnehmer. So könnte er die fossile Energie noch verbilligen.

## Technologieneutralität: Der Staat soll sich raus halten

Bis Mitte des Jahrhunderts sollen in Deutschland vier Fünftel der $CO_2$-Emissionsmenge des Jahres 1990 eingespart werden. Wie sie den Ausstoß von THG senken, bleibt den Unternehmen überlassen. »Technologieneutralität und Innovationsoffenheit« lautet das Leitprinzip des »Klimaschutzplan 2050«. Neutral und offen sein, das klingt sympathisch. Bezogen auf kapitalistische Märkte bedeutet es allerdings, das Recht des ökonomisch Stärkeren walten zu lassen.

Gerade in der kapitalintensiven industriellen Fertigung müssen die Unternehmen ihre Anlagen so lange wie möglich auslasten. Herstellungsverfahren grundlegend umzustellen, ist teuer und riskant und verlangt den Beschäftigten neue Fertigkeiten ab. Steigende Energiekosten führen deshalb zunächst dazu, dass die Betriebe zusätzliche Umwelttechnik einführen, um die Effizienz der bestehenden Prozesse zu steigern – sogenannte *End of the Pipe*-Technologie, zum Beispiel Filter am Ende des Schornsteins oder Katalysatoren in Kraftfahrzeugen für die »Abgasnachbehandlung«. CCS ist ein typisches Beispiel: ein zusätzlicher Produktionsabschnitt soll das Geschäftsmodell der Stromkonzerne retten.

Die Lenkung über den Preis ersetzt keine langfristige Orientierung. Karbonbeton beispielsweise ist dem herkömmlichen Stahlbeton ökologisch überlegen. Er hält länger, benötigt weniger Zement – eine wesentliche Emissionsquelle – und kann mit geringerem Aufwand in die Stoffkreisläufe zurückgeführt werden. Er kostet gegenwärtig etwa fünfzehnmal mehr. Erst der flächendeckende Einsatz würden die Preise senken. Gebäude mit Karbonbeton halten deutlich länger. Aber das interessiert Auftraggeber und Bauindustrie unter Umständen überhaupt nicht.

Viele ökologisch überlegene Verfahren scheitern wegen der Dominanz großer Unternehmen, eingeschliffener Praktiken oder schlicht wegen der höheren Kosten. Ein allmählich steigender $CO_2$-Preis erlaubt den Unternehmen, so lange wie möglich an ihren Verfahren und Produkten festzuhalten. Aber welche Technologien taugen für die Zukunft? Welche sind nicht mehr tragbar? Die Marktinstrumente schieben diese unumgänglichen Entscheidungen auf.

Hinter dem Dogma der Technologieneutralität steht der Mythos von effizienten Märkten und kreativem Unternehmertum. Aber in der Unternehmenskonkurrenz gewinnt nicht einfach das bessere Produkt. Marktmacht und Infrastruktur entscheiden mit. Die Automobilindustrie verdrängte beispielsweise in den 1950er Jahren in den USA zielstrebig Straßen- und Eisenbahn. »Die Konzerne General Motors, Ford, Chrysler, der Ölkonzern Standard Oil und der Reifenhersteller Firestone trieben die radikale Umstrukturierung des Transportsektors über mehr als drei Jahrzehnte hinweg mit krimineller Energie voran … Danach wurden in Millionenstädten wie Baltimore, Philadelphia, New York, St. Louis und Los Angeles die Unternehmen mit schienengebundenen Verkehrsmitteln, die jahrzehntelang gut funktioniert hatten, aufgekauft, der Schienentransport abgebaut beziehungsweise auf Busverkehr umstrukturiert.«[196]

Die Energiewende ist ein aktuelleres Beispiel. Erneuerbare Energie wird effizienter dezentral, mit vielen räumlich verteilten Anlagen gewonnen werden. Aber den Stromkonzernen gelingt es bis heute, die Umstellung auf Erneuerbare Energie auszubremsen – beziehungsweise auf eine zentrale Gewinnung in große Kraftwerkparks auszurichten, beispielsweise Windenergie-Anlagen in der Ostsee oder in den Mittelgebirgen. Übertragung bedeutet immer Verlust. Die Erneuerbaren sollten daher in der Nähe von urbanen und industriellen Zentren ausgebaut werden, wo Strom benötigt wird. Stattdessen werden die Netze zu »Strom-Autobahnen« ausgebaut, leistungsstarke Übertragungsnetze, was letztlich einer gewaltigen Verschwendung entspricht.*

* Der Ausbau der Übertragungsnetze wird ökologisch begründet, soll aber in Wirklichkeit in erster Linie einen europaweiten Stromhandel ermöglichen und die Kapazitäten der Kraftwerke besser auslasten.

Die Energiegewinnung der Erneuerbaren schwankt mit Wind und Sonne. Deshalb muss der Strom entweder entsprechend dieses »Dargebots« verbraucht oder aber gespeichert werden. Die Speicherung wäre deutlich leichter und effizienter, wenn die Sektoren Elektrizität, Wärme, Verkehr und Industrie zusammenarbeiten würden; das Schlagwort lautet »Sektorkopplung«. Wärmepumpen und Batterien, beispielsweise von Elektrofahrzeugen, könnten als verteilter Speicher dienen. Stromüberschüsse könnten auch in Brennstoffe umgesetzt werden, die dann zeitlich flexibel verfügbar wären (*power to x*). Aber die Branchen arbeiten völlig aneinander vorbei und, sofern es profitabel ist, sogar gegeneinander. Bei jeder Gelegenheit beklagen die Unternehmen »Marktverzerrungen« und kämpfen um das größte Stück vom Kuchen, zum Beispiel um den Zugriff auf die »Power to X«-Anlagen. Die Stromkonzerne haben kein Interesse daran, weniger Grundlast zur Verfügung zu stellen. Im ökonomischen Alltag führt die Ideologie der »Technologieneutralität« zu einem unzweckmäßigen Hauen und Stechen.

Ob Investitionen sich heute lohnen, hängt davon ab, ob morgen Strukturen vorhanden sein werden, die das fertige Produkt nützlich und erst marktfähig machen. Ohne günstige Treibstoffpreise, ein ausgebautes Straßennetz, Tankstellen und Reparaturwerkstätten nutzt ein Pkw wenig. Die Anbindung an den Schienenverkehr, über die viele Industriebetriebe bis in die 1990er Jahre verfügten, ist sinnlos, wenn es keine logistischen Möglichkeiten gibt, auf diesem Weg Vorprodukte zu bekommen und Endprodukte auszuliefern. Solche Strukturen wachsen nicht einfach, auch nicht durch Preissignale, die langfristige Entscheidungen nicht ausdrücken können. Solche Infrastrukturen müssen staatlich organisiert werden. Ohne eine umfassende Planung droht eine Anpassung *ad hoc*, durch die die Emissionen noch weiter ansteigen. Beispielsweise werden immer mehr Innenräume mit Strom aus fossilen Energieträgern gekühlt. Auch im Agrarsektor könnte die Kohlenstoffintensität steigen, wenn Ökosystemleistungen technisch ersetzt werden. In allen Problemfeldern existieren Zielkonflikte. Die Klimakrise wird heftige Ressourcenkonflikte bringen. Die betroffenen Kapitalfraktionen werden wie im Fall der ausbleibenden »Energiewende« ihre Sabotage und Obstruktion fortsetzen. Wenn all diese Probleme dem »freien Spiel der Marktkräfte« überlassen bleiben, ist Chaos unvermeidlich.

## 7.
## Wie kollektive Lösungen gegen das Klimachaos aussehen könnten

Wenn eine Plastikflasche gefertigt wird, fallen mehr oder weniger große Mengen Schadstoffe und Treibhausgase an. Eigentlich läge es nahe, dafür die Hersteller*innen verantwortlich zu machen. Im Gegensatz zu den Käufer*innen bestimmen sie über die eingesetzten Produktionsverfahren. Dennoch ist es der Industrie gelungen, den Käufer*innen die Verantwortung für die ökologischen Folgen aufzuhalsen.

»Es gibt kein Recht auf Billigfleisch«, erklärte Julia Klöckner im Sommer 2020. »Wir müssen wieder lernen, den Wert von Fleisch zu schätzen.« Das Bundeslandwirtschaftsministerium startete eine Kampagne unter dem Slogan »Du entscheidest«, um die Verbraucher*innen dazu zu bewegen, ihr Einkaufsverhalten zu ändern. Gleichzeitig schirmte die Ministerin die Lebensmittelindustrie gegen öffentliche Kritik und gesetzliche Auflagen der EU ab. Ein Vertreter der US-Plastikindustrie sagte einmal zum Thema Recycling: »Wenn ich ein Produkt kaufe, bin ich der Verschmutzer … Ich bin derjenige, der sich um die Entsorgung der Verpackung kümmern sollte.« Noch wenn eine Ölplattform zerbricht, sollen letztlich die egoistischen Autofahrer*innen schuld sein. Unternehmen bieten Produkte in mehreren Varianten an: einmal ökologisch nachhaltig, einmal fair gehandelt, einmal beides zusammen und einmal günstig.

Die Wurzeln dieser Politik liegen in den frühen 1970er Jahren. »Mit Unterstützung großer Werbekampagnen gelang es der Industrie, das Abfallproblem zu einer vom Produktionsprozess entkoppelten Angelegenheit individueller Verantwortung zu machen, ohne Bezug zur Frage der Abfallreduzierung am Entstehungsort«[197], erklärt der Historiker Grégoire Chamayou. Er bringt das Prinzip der Verantwortungsverlagerung folgendermaßen auf den Punkt: »Der Grund der Verschmutzung sind Sie. Das Gegenmittel sind folglich ebenfalls Sie. Alles liegt in Ihren Händen. Sie brauchen bloß Ihr Verhalten zu ändern.«[198]

Bürgerlicher Umweltschutz setzt bei den Individuen und ihrem Konsum an. Dahinter steht eine bestimmte Auffassung von Ökonomie. Angeblich bestimmen die Konsument*innen das Marktgeschehen. Die Kunden sind Könige, ihr Wunsch den Unternehmen Befehl. Was immer auch geschieht oder nicht geschieht, es gilt als Folge individueller »Präferenzen« – Vorlieben, die nicht weiter hinterfragt oder analysiert werden. Diese theoretische Perspektive leuchtet allerdings vielen Menschen ein, denn sie entspricht in gewissem Sinn ihrer alltäglichen Erfahrungen. »Konsument zu sein bedeutet, Entscheidungen zu treffen«, argumentiert der englische Soziologe Don Slater. »Zu entscheiden, was du willst, und dir zu überlegen, wie du dein Geld ausgibst, um es zu bekommen.« Diese Entscheidungsfreiheit als Konsument berührt den Kern unseres Selbstbildes als freie Subjekte. »Niemand hat das *Recht*, dir vorzuschreiben, was du kaufst. Die ›Souveränität als Konsument‹ ist eine äußerst einleuchtende Vorstellung von Freiheit. Abgesehen von der modernen Wahl freiheit des Beziehungspartners stellt es eine der wenigen greifbaren und alltäglichen Erfahrungen von Freiheit dar.«[199]

Präferenzen zu kritisieren wird geradezu als Übergriff empfunden. Aber individuelle Vorlieben und Entscheidungen sind niemals unabhängig von den gesellschaftlichen Umständen – auch nicht beim Autohändler oder vor dem Kühlregal im Supermarkt. Interessanterweise verhalten sich viele Verbraucher*innen anders, als es ihrer (behaupteten) Einstellung entspräche. In der Forschung ist die Rede von einer »ökologischen Verhaltenslücke« (*attitude-behaviour-gap)*, einer Kluft zwischen Einstellung und Verhalten. Vier von fünf Erwachsenen sagen in Umfragen, dass ihnen nachhaltige Lebensmittel wichtig sind. Aber nur einer von etwa zwanzig kauft deswegen andere Produkte.[200]

Dafür gibt es viele Ursachen. Die banalste und wichtigste ist das Haushaltseinkommen. Aber über die Hälfte der Befragten beklagt auch, »dass man schon Experte sein muss«, um umweltschonender einzukaufen. Das ist völlig richtig, mehr noch: Selbst Expert*innen sind sich selten einig. Kaum ein Produkt ist »einfach nur gut«. Selbst wenn wir die freigesetzten THG als den einzigen Maßstab nehmen: Ist ein lokal angebauter Apfel wirklich besser als einer, der über weite Distanzen transportiert wurde? Selbst wenn er Monate lang in einem Kühlhaus gelagert wurde? Wie wurde er überhaupt angebaut, und wie transportiert? Für die USA wurde beispielsweise nachgewiesen, dass Orangen aus Mexiko mehr THG verursachen als Orangen aus dem weiter entfernten Chile, weil die einen mit Lastwagen, die anderen mit Schiffen geliefert werden.[201]

Konsument*innen sind strukturell damit überfordert, Nachhaltigkeit einzuschätzen. Aber sie sind auch unwillig. Viele wissen oder ahnen wenigstens, dass die Verantwortung für die Rettung des Planeten höchst ungleich zugeschrieben wird. Sie sollen mehr für angeblich nachhaltige Waren bezahlen, während die Wohlhabenden nach Belieben Natur aneignen, entsprechend ihrer finanziellen Mittel. Warum eigentlich sollen Reiche weiterhin Rindersteak essen, in den Urlaub fliegen oder den SUV fahren dürfen, wenn Rindersteaks, Flugreisen und SUV doch angeblich schlecht sind? Die Verknappung entsprechend der Zahlungsfähigkeit widerspricht dem Gerechtigkeitsempfinden. Ein Verbot drückt ein normatives gesellschaftliches Urteil aus. Ein hoher Preis steht höchstens für Exklusivität.

Das dauernde Appellieren ans Verantwortungsbewusstsein schadet mehr, als es nutzt. Wer umweltschädlichen Konsum verhindern will, muss die Verhältnisse ändern. Der jeweilige Lebensstil trifft eine Auswahl im vorhandenen Angebot, so wie das Einkaufsverhalten dem Sortiment im Geschäft folgt. Fortschrittlicher Umweltschutz muss bei der *Infrastruktur* ansetzen, sie vermitteln zwischen

Natur und Mensch. Erst Infrastrukturen schaffen die Freiheit, sich zwischen Alternativen zu entscheiden. Sie enthalten bereits jetzt ein Element gesamtgesellschaftlicher Planung – sie entscheiden darüber, wie wir uns fortbewegen, arbeiten und leben –, allerdings ohne dass der Bevölkerung diese Fragen vorgelegt würden.

## Infrastruktur entscheidet

Im Kampf gegen die Klimakrise müssen Infrastrukturen eine Schlüsselrolle spielen. Statt moralische Appelle und Preissignale bieten sie die Chance, schnell und wirksam den anthropogenen Treibhauseffekt zu begrenzen. Dazu zählen die Versorgungsnetze für Energie, Wärme, Wasser und Kommunikation, aber auch soziale Strukturen in den Bereichen Bildung, Kultur, Krankenversorgung, Pflege und Sozialleistungen. Sie sind der Schlüssel für die Mitigation und Adaption.

Infrastrukturen im Kapitalismus sind eine merkwürdige Erscheinung. Sie bilden den »Unterbau« des gesellschaftlichen Lebens und damit auch der Verwertung des Kapitals. Um diese Rolle spielen zu können, müssen in den entsprechenden Bereichen Profitinteressen wenigstens begrenzt werden.* Infrastrukturen erfordern langfristige Investitionen und werden üblicherweise (wenigstens zum Teil) mit Steuermitteln finanziert. Das Kapital hat dazu ein gespaltenes Verhältnis. Einerseits liefert die Infrastruktur die Grundlage für Produktivitätswachstum und damit für zukünftige Akkumulation. Der Aufschwung nach dem Zweiten Weltkrieg beispielsweise wäre ohne ihren Ausbau undenkbar gewesen. Ihre eher unangenehme Kehr-

* Die ersten Ansätze nicht-militärischer Infrastruktur dienten bezeichnenderweise der Gefahrenabwehr. Die Feuerwehr löscht auch in den Armenvierteln, zumindest wenn die Gefahr besteht, dass der Brand auf andere Stadtteile übergreift. Im 19. Jahrhundert entstanden Müllabfuhr, Kanalisation und Frischwasserleitungen, weil Seuchen an den Grenzen der wohlhabenden Viertel nicht halt machen.

seite beruht darauf, dass sie ein Minimum an Versorgungsleistungen festlegten. Sie milderten die Konkurrenz und erhöhten dadurch tendenziell die Löhne. Außerdem werden profitable Märkte dem Kapital entzogen, weil staatliche Angebote die privaten Anbieter verdrängen (*crowding out*). Diese Hassliebe führt seit den 1980er Jahren zu einer politischen Blockade. Immer größere Teile wurden privatisiert, nicht ausreichend finanziert und nicht in Stand gehalten. Statt ein »Mindeststandard für alle Bürger*innen« ist ein regionaler und schichtspezifischer Flickenteppich entstanden, und selbst der weist große Löcher auf.[202]

Für eine Infrastruktur-Offensive gegen die Klimakrise sind schwierige Festlegungen notwendig.* Deshalb müssen die Folgen permanent überprüft und die Maßnahmen entsprechend angepasst werden. »*No regret*-Reformen« sollten bevorzugt werden. In der Landwirtschaft zählt dazu die Agrarforstwirtschaft, die gleichzeitig Holz und Nutzpflanzen liefert, eventuell sogar tierische Produkte (agrosilvopastorale Systeme) und gleichzeitig die Bodenerosion und -degradation durch Hitze und Starkregen mindert. Städte können sich anpassen, indem sie grüne und blaue Infrastrukturen einrichten (Pflanzungen und Wasserläufe), die gleichzeitig den urbanen ökologischen Fußabdruck senken (zum Beispiel weil sie nachhaltigen Schiffsverkehr ermöglichen). Im Verkehrsbereich sind Infrastrukturen fürs Zufußgehen, Fahrradfahren und für Straßenbahnen selten verkehrt.

## Ein langer, unvollständiger Forderungskatalog

An dieser Stelle einen detaillierten Ablaufplan für die Dekarbonisierung zu entwickeln, wäre albern. Sie setzt revolutionäre Umwälzungen voraus. Überlegungen am Reißbrett der Geschichte sind nutz-

* Um nur ein Beispiel zu nennen: Mit einer intensiveren Landwirtschaft steht mehr Fläche für Wälder und Moore zur Verfügung, um die natürlichen Kohlenstoffsenken auszubauen. Vgl. Kapitel 5.

los. Im Folgenden werden lediglich einige Kriterien aufgelistet, die wirksame Maßnahmen erfüllen müssten.

*Das fossile Kapital wird entmachtet und abgewickelt. Emissionsmindernde Innovationen werden unabhängig von ihrer Profitabilität oder den Wachstumschancen auf dem Weltmarkt gefördert.**

*Die Industrie stellt ihre Produktion auf wiederverwertbare Stoffe um.* Dazu dienen »Positivlisten«, die festlegen, welche Materialien verwandt werden. Stoffkreisläufe werden nach Möglichkeit entsprechend des Prinzips *Cradle to Cradle* geschlossen.**

*Neue Gebrauchsgegenstände sind reparierbar und möglichst langlebig.* Dazu dient auch eine weitgehende Standardisierung und Normierung. Recycling ist nicht nur theoretisch möglich, sondern die eingesetzten Stoffe lassen sich tatsächlich mit geringem Arbeits- und Energieaufwand trennen.

*Planung findet auf der Ebene der Infrastruktur statt. Privatisierungen werden rückgängig gemacht, um ihr Potential für die Dekarbonisierung voll auszuschöpfen.* Dabei werden Branchengrenzen überwunden und Synergieeffekte erzielt.

Die Infrastrukturen ermöglichen andere Mobilität, andere Ernährung und andere Arbeit. Die Leitfrage lautet nicht, was gegenwärtig »systemrelevant« ist, sondern: Welches System wollen wir eigentlich? Beispiel Mobilität: In Deutschland pendeln 3,4 Millionen Menschen zur Arbeit in ein anderes Bundesland. Der durchschnittliche Arbeitsweg wird immer länger und beträgt mittlerweile etwa 17 Kilometer (2018). Aus ökologischen Gründen fordern Stadtplaner*innen seit Jahrzehnten »Städte der kurzen Wege«. Wir brauchen mehr, nämlich einen Alltag der kurzen Wege, mit geringeren Distanzen zwischen Wohnung, Arbeitsort, Kinderbetreuung, Freizeit und Konsum.

---

* Dies berührt auch die Forschungsfreiheit: Die Wissenschaft und Entwicklung muss dem Einfluss der Unternehmen entzogen werden. Nützliche Erfindungen und Innovationen sind zu fördern, im Gegensatz zu den Ansätzen, die lediglich dem Erhalt obsoleter Geschäftsmodelle und Verfahren dienen.

** Das Prinzip »von der Wiege bis zur Wiege« bezeichnet eine Kreislaufwirtschaft, in der alle verwendeten Materialien wiederverwendet werden können.

Für viele Sektoren bedeutet das eine völlig veränderte Aufgabenstellung. Die Forstwirtschaft beispielsweise schützt die Biodiversität und liefert mit Holz einen nachwachsenden Rohstoff. Die Landwirtschaft erzeugt Lebensmittel und schützt gleichzeitig lokale Ökosysteme. Sie wird tendenziell zu einer Senke für Kohlenstoff, indem sie die Renaturierung von Mooren und die Waldwirtschaft einbezieht. Landwirtschaft und Landschaftspflege arbeiten zusammen. »Konservierende Landwirtschaft« beginnt, den Riss im Stoffwechsel zwischen Mensch und Natur wieder zu schließen.

*Die Kluft zwischen Stadt und Land / Metropole und Peripherie schließt sich durch eine Angleichung der Lebenschancen weltweit.* Die zukünftigen Maßnahmen dürfen die THG-Emissionen nicht lediglich ins Ausland verlagern, wie es bei der Elektromobilität oder der Verstromung von Biomasse der Fall ist. Um die Energie aus erneuerbaren Quellen optimal auszuschöpfen, muss die industrielle Fertigung möglichst dort stattfinden, wo diese leicht zu gewinnen sind. Die *International Renewable Energy Agency*, ein internationaler Verband von Erzeugern Erneuerbarer Energie, schlägt in ihrem Bericht »*Reaching Zero with Renewables*« vor, Eisenerz aus Australien vor Ort zu Rohstahl zu verarbeiten.[203] *Carbon Leakage* durch den Import energieintensiver Produkte wird verhindert. Die weltweite Angleichung der Lebensstandards und des Umweltgebrauchs senkt das Volumen des Güterverkehrs. *Die internationale Arbeitsteilung wird ökologisch effizient, so sinkt der Ressourcenverbrauch weltweit.*

*Geistiges Eigentum (Lizenzen, Patente, Urheberrechte) wird enteignet, sofern es der Emissionsminderung dient.* Bereits während des UN-Klimagipfels 2009 forderte die bolivianische Unterhändlerin Angélina Navarro Llanos: »Wir brauchen eine Massenmobilisierung in nie gekanntem Ausmaß, einen Marshall-Plan für die Erde. Dieser Plan muss Finanz- und Technologietransfers in beispiellosem Umfang enthalten. Er muss alle Länder mit Technologien versorgen, damit die Emissionen sinken und gleichzeitig der Lebensstandard der Menschen gehoben wird.«[204]

Streng genommen sind die Unterzeichner der Klimarahmenkonvention der Vereinten Nationen bereits jetzt zur internationalen Zusammenarbeit verpflichtet: »Alle Vertragsparteien werden die Entwicklung, Anwendung und Verbreitung – einschließlich der Weitergabe – von Technologien, Methoden und Verfahren zur Bekämpfung, Verringerung oder Verhinderung anthropogener Emissionen in allen wichtigen Bereichen fördern, namentlich Energie, Verkehr, Industrie, Landwirtschaft, Forstwirtschaft und Abfallwirtschaft.«[205] Diese Verpflichtung erstreckt sich allerdings nicht auf patentierte Technologien und wurde nie ernsthaft umgesetzt.

*Die Nationalstaaten rüsten umfassend ab.*[*] Das Militär gehört zu den größten Emittenten von THG. »Im Jahr 2017 lagen die Treibhausgasemissionen der Einsätze des US-Militärs bei 59 Millionen Tonnen $CO_2$ und damit etwa bei der Menge, die auch die Industriestaaten Schweden und Dänemark freisetzten.«[206] Hinzu kommen enorme Mengen durch die Rüstungsindustrie, laut einer Studie fast ein Fünftel des industriellen Sektors der USA.[207] Für andere Staaten liegen keine Untersuchungen vor, aber sie sind mit Sicherheit erheblich. Laut Aussagen der deutschen Regierung verursacht die Bundeswehr »den überwiegenden Teil aller $CO_2$-Emissionen von Bundes-Institutionen (geschätzt auf ca. 60 Prozent)«.[208] Die militärischen Führungen wissen um die katastrophalen Folgen der Klimakrise. Weltweit rüsten sich die Armeen für anstehende Ressourcenkonflikte und den Zusammenbruch von staatlichen Ordnungen. Gerade dadurch treiben sie die Kohlenstoffkonzentration der Atmosphäre weiter in die Höhe und beschleunigen die Krise. Ein großer Krieg würde alle bisherigen Anstrengungen für die THG-Reduzierung schlagartig zunichtemachen.

---

* Der Geograph Christian Zeller schlägt zu diesem Zweck vor, »die obligatorischen Militärdienste in Organisationen zur Katastrophenhilfe, für den Bevölkerungsschutz bei Umweltkatastrophen in Dienste der sozialen und gemeinnützigen Arbeit sowie zur Pflege der Landschaft umzuwandeln«. Christian Zeller (2020) Revolution für das Klima: Warum wir eine ökosozialistische Alternative brauchen. München. S. 84.

## Das böse Wort vom Sozialismus

Wir haben den Rahmen der gängigen politischen Debatte natürlich längst verlassen. Unter den Voraussetzungen der Konkurrenz zwischen kapitalistischen Unternehmen und imperialistischen Staaten kann ein solches Programm nicht umgesetzt werden. Es setzt voraus, den Eigentümer*innen die Kontrolle über ihr Kapital und ihren Boden zu entziehen. Industriezweige müssen enteignet und umgewidmet, Privateigentum und Kapitalfreiheit außer Kraft gesetzt werden. Wo eine Konversion nicht machbar ist, müssen sie abgeschafft werden. Um es mit einem (Schlag-)Wort zu sagen, es handelt sich um ein ökosozialistisches Programm. Die strategische Perspektive ist die Überwindung des Kapitalismus und gleichzeitig eine wirksame und gerechte Anpassung an den Klimawandel.

Viele der aufgeführten Zielstellungen sind in der ökologischen Bewegung unumstritten, selbst unter den Mitgliedern der großen Umweltverbände. Durchaus umstritten ist der Weg, um sie zu verwirklichen, die Eigentumsfrage wird tabuisiert. Das ökologische »Minimalprogramm« entspricht einem wirtschaftspolitischen »Maximalprogramm«. Es widerspricht, um nur ein Beispiel herauszugreifen, dem geltenden Recht der EU und zahlreichen internationalen Handelsverträgen. Eine ökosozialistische Lösung der Klimakrise ist aber nicht unrealistischer als die Hoffnung, eine Lösung ließe sich mit marktwirtschaftlichen Instrumenten und einträchtig mit Politik und Unternehmen erreichen.

Gegenwärtig lösen vergleichsweise harmlose Vorschläge für Enteignungen mediale Empörungswellen aus. Sicherlich drücken solche Kampagnen nur bedingt die Haltungen in der Bevölkerung aus, aber viele Menschen lehnen »Markteingriffe« tatsächlich ab. Für ihre Skepsis haben sie gute und schlechte Gründe. Sie wollen nicht übers Ohr gehauen werden. Sie wollen die große Transformation nicht aus ihrem schmalen Geldbeutel bezahlen. Kaum jemand vertraut der politischen Klasse, die den Umweltschutz im Mund führt. Kaum jemand glaubt, dass eine Gesellschaft funktionieren kann, ohne kapitalistisch organisiert zu sein.

Die Klimagerechtigkeitsbewegung muss für Maßnahmen eintreten, die unzweifelhaft im Interesse der Lohnabhängigen sind. »Wenn es den Herrschenden gelingt, ihre Klimapolitik mit einem Angriff auf soziale Errungenschaften und die Lebensqualität großer Teile der Lohnabhängigen zu verbinden – genau das ist das Programm der sogenannten *Green Economy* –, dann ist die Niederlage kaum mehr abzuwenden.«[209] Umverteilung und mehr Gleichheit weltweit sind notwendige Voraussetzungen für eine erfolgreiche Dekarbonisierung. Im Globalen Norden können Energieumsatz und Ressourcenverbrauch allerdings auf absehbare Zeit nicht steigen. »Das fortgesetzte exponentielle Wirtschaftswachstum ist unmöglich, ohne dass es zu immer stärkeren Rissen in den Kreisläufen des Erdsystems kommt«, schreibt der US-amerikanische Autor John Bellamy Foster. »Die Gesellschaft, vor allem in den reichen Ländern, muss sich hin zu einem stationären Zustand oder einer *Steady State Economy* bewegen. Dies verlangt den Übergang zu einer Wirtschaft ohne erweiterte Kapitalbildung, … die innerhalb des Budgets der Sonneneinstrahlung bleibt.«[210] – eine Ökonomie ohne Wachstum.

Ein höherer oder wenigstens stabiler Lebensstandard der Lohnabhängigen ist möglich durch eine Umverteilung von oben nach unten beziehungsweise durch eine »doppelte Entkopplung« der Emissionen vom Wirtschaftswachstum einerseits und der Entkopplung von Lebensqualität vom Wachstum. »Entwicklung muss eine neue Form annehmen: qualitativ, kollektiv und kulturell«.[211] Das »Recht auf gesellschaftlich nützliche Arbeit« (Christian Zeller) und mehr »Zeitwohlstand« durch deutlich kürzere Arbeitszeiten liegen nahe.

Auf Grenzen des Wachstums hinzuweisen, ist politisch nicht opportun. Über die Verteilung von zusätzlichem Wohlstand lässt sich trefflich streiten, über die Verteilung des vorhandenen gar nicht. Jedes Programm gegen die Klimakrise, das auf Grünes Wachstum setzt, ist zum Scheitern verurteilt. Allerdings trifft der Umkehrschluss nicht zu: Schrumpfung allein bietet keine Gewähr dafür, dass die Klimakrise überwunden wird. Der Wachstumszwang mag ökologisch und sozial zerstörerisch wirken, aber die Lösung lautet nicht einfach *Degrowth*. Im Gegenteil, gerade im Globalen Süden müssen leistungsfähige öffentliche Infrastrukturen aufgebaut werden, um den Lebensstandard zu heben.

Ökosozialistische Wunschlisten nutzen wenig. Diese hier soll lediglich verdeutlichen, welche Hindernisse zu überwinden sind. Es reicht nicht, die Menschen zu überreden oder zum Schweigen zu bringen. Sie müssen handeln. Nur wenn die Bevölkerungsmehrheit nicht mehr um jeden Preis – und sei es um den Preis der Klimakatastrophe – den eigenen Arbeitsplatz retten will, das kleinere Übel wählt und ansonsten hofft, dass es nicht noch schlimmer wird, haben wir eine Chance.

## Gesamtgesellschaftliche Planung und persönliche Freiheit

Das vielleicht stärkste Argument für eine ökosozialistische Wirtschaftsplanung lautet, dass nur sie eine angemessene und halbwegs freiheitliche Reaktion auf die Klimakrise ermöglicht. In diesem Rahmen können Rückbau und Umbau geordnet ablaufen und unterschiedliche Interessen berücksichtigt werden, wenn auch nicht die von Kapitaleigner*innen. Die Alternativen sind nicht verlockend. Der bloße Wunsch, an der »liberalen Grundordnung« festhalten zu wollen, wird die autoritäre Wende zu einer »Klimadiktatur« nicht verhindern. Dem Status quo kommen die Grundlagen abhanden. Unter den Bedingungen von zusätzlichen drei Grad Celsius oder noch mehr, sind Verteilungskonflikte, Wohlstandseinbußen und eine Brutalisierung der Verhältnisse unvermeidbar. Dann wird es ein Notstandregime geben, Kontingente und polizeistaatliche Überwachung, andererseits Willkür und Vorteilsnahme. Ein zunehmend autoritärer Maßnahmestaat erdrückt die Gesellschaft.

Das Wort »Planwirtschaft« verschreckt viele Menschen. Sie denken an staatliche Gängelung, vielleicht auch an leere Regale und die Umweltzerstörung in den realsozialistischen Staaten des 20. Jahrhunderts. Tatsächlich brachte ihre Industriepolitik massive ökologische Schäden mit sich. Die Gründe dafür sind vielfältig. Im Wettlauf mit dem NATO-Block strebten die RGW-Staaten vor allem Wachstum an. Industrielle Großprojekte wurden bevorzugt, um Skaleneffekte zu erreichen, auch in der Landwirtschaft. Die Betriebe standen nicht unter Kostendruck, daher war auch der Antrieb für die Rationalisierung geringer, was in Bezug auf Energie und Ressourcen zwiespältige Folgen hatte. Die zentralisierte Planung ging in vielen Fällen über die Einwände der Bevölkerungen vor Ort hinweg.

Allerdings, merkt Victor Wallis an, brachte selbst diese unzulängliche Planwirtschaft einige Vorteile mit sich: »Die Verpflichtung zur Vollbeschäftigung senkte den Anreiz, arbeitssparende Technologien einzuführen, was im Westen den Treibstoffverbrauch erhöhte. Im Konsumbereich konnten einige Tendenzen vermieden werden, die zur Energieverschwendung beitragen, wie Suburbanisierung und Werbung.«[212]

Ökosozialistische Planung muss den Konsumbedürfnissen ebenso gerecht werden wie den natürlichen Lebensgrundlagen. Darin sind sie kapitalistischen Märkten potentiell überlegen, deren Preissignale ökologische Sachverhalte nicht ausdrücken können. Im Rahmen einer Ressourcenplanung wäre es möglich, jährliche $CO_2$-Budgets einzuplanen und einzuhalten. Durch die Möglichkeiten der Digitalisierung können zudem ineffiziente Verteilungen (Fehlallokationen) vermieden und Entscheidungen wenigstens zu einem Teil dezentralisiert werden.[213]

Dennoch greift eine Planwirtschaft selbstredend in die individuelle Freiheit ein. Dieser Eingriff ist gerechtfertigt, wenn die Menschen im Gegenzug für ihre (oft illusionäre) Entscheidungsfreiheit in den Bereichen Konsum und Investition eine echte Mitbestimmung erhalten. Dann entscheiden sie selbst, was hergestellt werden soll und wie und wofür sie arbeiten. Ein Plan für die ganze Gesellschaft kann nur durch die ganze Gesellschaft erstellt werden.[214] Nicht von sogenannten *Stakeholdern*, Unternehmen, Verbands- und Volksvertreter*innen oder Bürgerinitiativen. Ein ökosozialistisches Programm verteilt Reichtum um, aber auch und gerade Macht und Entscheidungsbefugnisse.

## 8.
## Weshalb die soziale und die ökologische Frage dieselbe Antwort haben

Es bleibt nur noch wenig Zeit, bis das verbliebene $CO_2$-Budget aufgebraucht sein wird. Gleichzeitig stottert die Weltwirtschaft. In dieser Situation liegt es nahe, sich von der Geschichte inspirieren zu lassen. Die Überwindung der Weltwirtschaftskrise in den 1930er Jahren wird oft mit dem *New Deal* in Zusammenhang gebracht, der Wirtschaftspolitik unter der US-Regierung unter Franklin D. Roosevelt. Sie stemmte sich zwischen 1933 und 1938 mit staatlichen Investitionen und Arbeitsbeschaffungsprogrammen gegen die Große Depression.

Angesichts des quälend langsamen Niedergangs des Neoliberalismus wirkt der *New Deal* wie ein Vorbild. »Wir brauchen eine nationale, soziale, industrielle und wirtschaftliche Mobilisierung in einem Ausmaß, wie es sie seit der *New Deal* Ära und dem Zweiten Weltkrieg nicht mehr gab«, sagte die US-Demokratin Alexandria Ocasio-Cortez in einer Rede im Frühjahr 2020. Mit der Umstellung des Energiesektors auf Erneuerbare, emissionsmindernde Gebäudesanierungen und Verkehrsinfrastrukturen könne das Land $CO_2$-neutral werden und gleichzeitig »gute Hochlohn-Arbeitsplätze und Wohlstand und soziale Sicherheit für alle Menschen in den Vereinigten Staaten schaffen«. Ökologische Nachhaltigkeit und soziale Gerechtigkeit dürften nicht gegeneinander ausgespielt werden. Statt die Arbeiterklasse und die Armen mit den Kosten für ökologische Maßnahmen zu belasten, sollten sie Kapitaleigner*innen und Reiche bezahlen.

Für diese Politik steht das Schlagwort vom *Green New Deal* (GND). Das US-amerikanische *Sunrise Movement*, eine Initiative aus der Klimagerechtigkeitsbewegung, fordert »Klimajobs«: sichere Arbeitsplätze im Energiesektor, die nach gewerkschaftlichen Tarifen bezahlt werden, und gleichzeitig die Umstellung auf Erneuerbare vorantreiben. So sollen die Beschäftigten im fossilen Energiesektor überzeugt werden, die bisher über deutlich bessere Einkommen und Arbeitsbedingungen verfügen als die bei den Erneuerbaren. Die Infrastruktur soll insbesondere der ärmeren Bevölkerung zugutekommen, in Form günstigerer Stromtarife und energetisch sanierter Sozialwohnungen.

Solche Forderungen nehmen den Gegnern der Dekarbonisierung das Argument, sie sei nicht machbar, weil »unsozial«. »Mit der Bewältigung der Klimakrise können wir Hunderte Millionen Arbeitsplätze auf der ganzen Welt schaffen«, betont Naomi Klein. »Wir können in systematisch abgehängte Gemeinden und Länder investieren, die Versorgung von Kranken und Kindern absichern und vieles mehr.«[215] Der GND helfe gegen »die Stagnation der Löhne, die krasse Ungleichheit und den Zerfall der öffentlichen Versorgung«.

## Green New Deal: »Von radikal bis neoliberal«

Seit der Finanzkrise 2008 verbreitet sich das Schlagwort in Nordamerika, Australien und Europa. Zahlreiche sozialdemokratische und grüne Parteien, Umweltverbände und Bürgerinitiativen wollen einen GND. Zusätzlichen Antrieb erhielt das Konzept dadurch, dass die Regierungen auf die wirtschaftlichen Einbrüche reagierten, indem sie Unternehmen kreditfinanzierte »Hilfspakete« zukommen ließen, um die Konjunktur zu stützen, ohne die ökologischen Folgen in Betracht zu ziehen. Der linke Flügel der britischen *Labour Party* machte den GND zum Kern ihres (erfolglosen) Wahlkampfs 2019. In Deutschland forderten ihn sowohl die Die Grünen als auch Die Linke. Selbst die EU-Kommission eignete sich das Schlagwort an und nennt einen »Aktionsplan« *Green Deal*, wobei es sich allerdings nur um eine grün getünchte »Wachstumsstrategie« handelt.

Die GND-Konzepte sind sehr unterschiedlich, sie reichen »von radikal bis neoliberal«[216]. Zentrale Fragen sind in der Bewegung umstritten, etwa die Finanzierung der Maßnahmen, die Art und Weise der wirtschaftlichen Steuerung und die Möglichkeit, durch ein solches Programm wirtschaftliches Wachstum (sprich: Kapitalakkumulation) zu erzeugen. In der konservativen Lesart meint es ein ökologisches Konjunkturprogramm, während linke Sozialdemokrat*innen und Sozialist*innen damit den Wunsch verbinden, die Rechte der Beschäftigten zu stärken und Löhne zu erhöhen. Radikalere Strömungen sehen den GND als Teil einer »Transformationsstrategie«, um mittelfristig das neoliberale Regime und schließlich die kapitalistische Gesellschaft zu überwinden. Sie betonen, er müsse global gerecht sein und dürfe die nationale und internationale Ungleichheit nicht weiter erhöhen (wobei konkrete Vorschläge rar sind).

## Was war der New Deal?

Aus dem weiten Spektrum der Bedeutungen und Assoziationen einen politischen Kern herauszuschälen, ist nicht einfach. Es bleibt der gemeinsame Bezug auf den historischen *New Deal* in den Vereinigten Staaten. Taugt er als Modell für ein sozial-ökologisches Aktionsprogramm gegen die Klimakrise?

In mancher Hinsicht ist die Situation tatsächlich vergleichbar. Ab dem Jahr 1928 (und verstärkt durch den Zusammenbruch von Aktienmärkten im darauffolgenden Jahr) stagnierte das globale Wirtschaftswachstum, besonders in Nordamerika und Europa – so wie heute. Sinkende Preise und eine steigende Arbeitslosigkeit verstärkten einander. Heute mildert die staatliche Geld- und Sozialpolitik solche deflationären Tendenzen, aber sie sind vorhanden.

Der globale Außenhandel schrumpfte zwischen 1929 bis 1932 um ein Viertel, auch wegen der protektionistischen Reaktion der Staaten, und erreichte erst nach Ende des Zweiten Weltkrieges wieder das Niveau von 1929. Auch im Jahr 2018 erreichte der Welthandel ein Plateau und sank 2020, auch wegen der Covid-19-Pandemie.

Insgesamt nimmt die gegenwärtige Krise bisher weniger dramatische Formen an. Dennoch sind Ähnlichkeiten kaum zu übersehen. Dies gilt auch für die weltpolitische Lage. Seit 2008 sind in zahlreichen Ländern autoritäre Regime entstanden und die zwischenstaatlichen Spannungen nehmen zu. So wie in den 1920er und 1930er Jahren, als faschistische Bewegungen in Europa, Lateinamerika, im Nahen Osten und Japan von der Großen Depression profitierten.

Die USA blieben damals eine bürgerliche Demokratie. Die Roosevelt-Regierung bekämpfte die Wirtschaftskrise mit staatlichen Eingriffen in die Märkte, Kreditvergabe an Unternehmen und Investitionen. »Der Bankensektor wurde saniert und reguliert, und die Börse wurde einer staatlichen Aufsicht unterstellt«, schreibt Steffen Lehndorff. »Mithilfe verschiedenster Beschäftigungsprogramme wurden innerhalb weniger Monate über sechs Millionen bis dahin arbeitslose Menschen für den Bau von Schulen, Spielplätzen, Kindergärten, Straßen, Grünflächen, für Aufforstung und Landschaftspflege eingesetzt; mit weiträumigen Infrastrukturprojekten wurden Staudammsysteme zur Bewirtschaftung, Bewässerung und Elektrifizierung ganzer Regionen geschaffen.«[217] Unter anderem wurden damals mehr als zwei Milliarden Bäume gepflanzt.

Große Teile des Kapitals wehrten sich mit all ihrer Macht gegen diese Politik, aber ihr Widerstand war kurzsichtig. Mit dem *New Deal* entstanden die Infrastrukturen, die nach dem Ende des Zweiten Weltkriegs große Produktivitätssteigerungen ermöglichten. Stärkere staatliche Eingriffe in die Marktfreiheit waren notwendig, um die Krise zu überwinden. Daher waren sie letztlich auch im wohlverstandenen Interesse der Unternehmen, was vielen allerdings partout nicht einleuchtete. Auch darin ähnelt die damalige Situation der heutigen.

Trotz dieser Gemeinsamkeiten kann die Klimagerechtigkeitsbewegung kaum Lehren aus dem *New Deal* ziehen. Wenn sich aus dieser Geschichte etwas lernen lässt, dann höchstens, dass ein Staat ohne machtvollen Widerstand und Protest keine durchgreifenden Reformen einleitet. Die Regierung unter Präsident Roosevelt stand unter Druck von oben und unten, von links und rechts. Ihre Politik schwankte hin und her, je nachdem, aus welcher Richtung er am stärksten war. Die Republikanische Partei bekämpfte die Eingriffe in Preise und Löhne. Die Kommunistische Partei übte einen gewissen Einfluss in der Arbeitslosen- und Gewerkschaftsbewegung aus, außerdem agitierten Populisten – so die zeitgenössische Bezeichnung –, teilweise mit rassistischer und antisemitischer Demagogie. Eine Agrarkrise wegen des Preisverfalls trieb viele Farmer in den Ruin.

Den Ausschlag für die Reformen gaben eine riesige Arbeitslosenbewegung, die weitgehend unabhängig von politischen Parteien protestierte, und heftige Streikwellen der Industriearbeiterschaft, laut Naomi Klein »Arbeiterunruhen historischer Dimension«. Ein Streik der Transportarbeiter in Minneapolis im Jahr 1934 weitete sich zu einem Generalstreik in der Stadt aus. Die Polizei erschoss zwei Demonstranten und verletzte 77 weitere. In nahezu allen Branchen kam es zu Arbeitskämpfen, darunter »die 83-tägige Schließung der Häfen an der Westküste durch Hafenarbeiter und 1936 und 1937 die Betriebsbesetzungen durch Automobilarbeiter«.[218] Die Regierung reagierte auf die Erwerbslosenproteste mit Arbeitsbeschaffungsmaßnahmen, auf die Arbeitskämpfe, indem sie die großen Gewerkschaftsverbände anerkannte und einige Sozialreformen verabschiedete, darunter Gesetze zur Höchstarbeitszeit. Für einen Teil der Beschäftigten wurden ein Mindestlohn und eine Sozialversicherung eingeführt.

Die Maßnahmen der Roosevelt-Regierung werden oft nostalgisch verklärt. In der Rückschau scheint es so, als habe sie die richtigen Reformen in die Wege geleitet, weil der unbestreitbare langfristige Erfolg des US-amerikanischen Kapitalismus ihr vermeintlich recht gibt. Aber der *New Deal* war wirtschaftspolitisch ein Misserfolg. Die Arbeitslosigkeit sank nach 1932 nur langsam und stieg 1938 sogar wieder an. Erst der Zweite Weltkrieg sorgte für Vollbeschäftigung.

Der Lebensstandard der Bevölkerungsmehrheit verbesserte sich in der Kriegswirtschaft vorübergehend. Nach dem Sieg der Alliierten war der Übergang zur Nachkriegswirtschaft langwierig und voller Konflikte. Viele Beschäftigte wurden entlassen, insbesondere Frauen, die während des Krieges in die Produktion integriert worden waren. Die Preise für Lebensmittel und andere Güter des täglichen Bedarfs stiegen rapide an. »Diese Entwicklungen lösten die größte Streikwelle der US-Geschichte aus«, bemerkt Ian Angus.[219] »1945 nahmen 3,5 Millionen Arbeiterinnen an 4.750 Streiks teil. 1946 nahmen 4,6 Millionen an 4.985 Streiks teil.«[*]

»1950 war das Realeinkommen nur wenig höher als 1945 und erst mit dem Wirtschaftsaufschwung durch den Koreakrieg konnte die Wirtschaft das jährliche Produktionsvolumen vom Ende des Zweiten Weltkriegs übertreffen.«[220] Die Wiederbelebung der Weltwirtschaft war eng mit dem Aufstieg der USA zur Weltmacht und einem »militärischen Keynesianismus«[221] verbunden. Staatliche Ausgaben für Rüstung und Militär stabilisierten die inländische Nachfrage und vergrößerten gleichzeitig den Einfluss auf die Regeln des Weltmarkts.[**]

---

* Auch in der britischen und amerikanischen Besatzungszone lösten Preissteigerungen und Arbeitslosigkeit nach der Währungsreform im Juni 1948 massive Proteste und Streikbewegungen aus, darunter am 12. November einen Generalstreik, an dem sich etwa neun Millionen Menschen beteiligten, mehr als zwei Drittel der damaligen Beschäftigtenzahl. Vgl. Jörg Roesler (2005) Die Wiederaufbaulüge der Bundesrepublik – Oder: Wie sich die Neoliberalen ihre »Argumente« produzieren. Berlin.

** Der sogenannte Korea-Boom nutze wiederum insbesondere dem ehemaligen Kriegsgegner Deutschland (West), wo zuvor brachliegende industrielle Kapazitäten reaktiviert wurden.

## Ein Vorbild für die Klimagerechtigkeitsbewegung

Dieser Exkurs in die Wirtschaftsgeschichte soll verdeutlichen, dass Staaten und Unternehmen nicht lernfähig sind, wenn lediglich an die Vernunft von Manager*innen und Funktionär*innen appelliert wird. Sie reagieren auf Druck, der Kosten verursacht, Gewinne senkt oder ihre Macht bedrohen muss. Von alleine findet das Kapital nicht heraus aus einer Sackgasse und zeigt sich auch beratungsresistent.

Mit dem *New Deal* versuchte die US-Regierung in den 1930er Jahren, den sozialen Protest von unten zu befrieden. Dass ihre Maßnahmen mehrheitsfähig wurden, lag aber auch daran, dass sie dem Kapital nicht nur Zugeständnisse abverlangten, sondern langfristige Wachstumschancen boten. So erklärt der US-amerikanische Politikwissenschaftler Thomas Ferguson, dass ein Bündnis »aus kapitalintensiver Industrie, Investmentbanken und international orientierten Geschäftsbanken« die Regierung stützte.[222] Sie waren bereit, höhere Löhne und eine gewerkschaftlich repräsentierte Arbeiterschaft zähneknirschend zu akzeptieren, obwohl ihre Gewinne weniger darunter litten, aber andererseits die internationale Expansion neue Märkte und höhere Profite versprach.

Etwas ähnliches hat der GND ehrlicherweise nicht anzubieten. Dieser Umstand schmälert die Hoffnung darauf, dass in der Klimakrise »Dissense zwischen den Eliten« entstehen und »progressive Teile derselben handlungs- und bündnisfähig werden«, wie Ulrich Brand und Markus Wissen es formulieren.[223] Klaus Dörre betont zwar, dass »auch und gerade in sozial-ökologischen Transformationskonflikten kein einheitlicher Kapitalblock existiert. Die Interessenlagen der 20 größten fossilen Produzenten, die etwa 35 Prozent der globalen Emissionen erzeugen, sind nicht unbedingt deckungsgleich mit denen von Unternehmen, die beispielsweise in erneuerbare Energien, biologische Landwirtschaft und nachhaltigen Tourismus investieren.« Aber auch ihre Profitabilität und ihr politischer Einfluss sind keineswegs deckungsgleich, ließe sich ergänzen. Wie in Kapitel 4 erläutert wurde, sind die »grün orientierten« Kapitalfraktionen klein und fast mitleiderregend schwach.

Zweckbündnisse der Klimagerechtigkeitsbewegung mit bestimmten Kapitalfraktionen zur Rettung des Planeten wären nicht verwerflich. Allerdings sollten die Interessenlagen nüchtern analysiert werden. Die Entmachtung von Lebensmittelkonzernen als Emissionstreiber beispielsweise liegt im Interesse von mittelständischen Agrarunternehmern, eine konservierende Landwirtschaft dagegen nicht. Vom »Recht auf Reparatur« profitiert das Handwerk, während industrielle Fertigung und Handel verlieren. Die Verkehrswende nutzt den Herstellern im Bereich Schienen- und Fahrradverkehr und schadet der Automobilindustrie. Vor allem aber dürfen die angedachten kreditfinanzierten Investitionsprogramme aus ökologischen Gründen den Energieumsatz und den Ressourcenverbrauch unterm Strich nicht erhöhen. Ob der GND unter dieser Voraussetzung Wachstum brächte, ist sehr zweifelhaft – und damit auch, ob sich überhaupt irgendeine Kapitalfraktion darauf einlässt.

Insofern sind die Vergleiche mit dem historischen *New Deal* schief. Er wird als Vorschein auf die goldenen (oder wenigstens vergoldeten) Jahrzehnte nach dem Zweiten Weltkrieg interpretiert, in denen Massenkonsum und Massenproduktion einander ergänzten und sowohl die Wirtschaft als auch der Lebensstandard im Globalen Norden wuchsen. Während die Konkurrenz auf den Arbeitsmärkten sozialstaatlich und arbeitspolitisch abgefedert wurde, wurde Natur in wachsendem Umfang ausgebeutet.* Eben dieses Wachstumsmodell führte in die ökologische Krise von heute. Daher setzt die »große Beschleunigung«, von der die Erdsystem-Theorie spricht, in den 1950er Jahren ein.

* Um es mit den Begriffen des Historikers Karl Polanyi (1886-1964) zu sagen: Die Arbeit wurde weniger als Ware behandelt, die Natur dagegen mehr. Diese Dekommodifizierung und Kommodifizierung hingen systematisch zusammen.

## Klassenkampf und Naturschutz

Der französische Wirtschaftswissenschaftler Alain Lipietz sprach pointiert von der Natur als der »vergessenen Dritten«[224] in der Auseinandersetzung zwischen Arbeit und Kapital. »Kompromisse zwischen Kapital und Arbeit sind bislang auf Kosten der Natur und damit auf Kosten der nachfolgenden Generationen geschlossen worden.«[225] Den Fordismus interpretiert Lipietz als einen solchen Kompromiss zulasten Dritter – Tiere, Pflanzen, Ökosysteme und die Jungen, die diesen Planeten erben werden. Dies berührt ein entscheidendes Problem der Klimagerechtigkeitsbewegung: Ohne oder gar gegen die Arbeiterklasse ist eine Dekarbonisierung nicht machbar (und nicht einmal wünschenswert).

Das Verhältnis von Klassenkampf und Naturzerstörung ist verwickelt. Die Teilhabe der Lohnabhängigen am Konsum ist ökonomisch (zu wenig Nachfrage) und politisch (zu viel Klassenkampf) notwendig. Insofern treibt die Angst vor der lohnabhängigen Klasse das Kapital tatsächlich zu nicht-nachhaltigen Produktionsformen. Unter dem Kommando des Kapitals formen die Beschäftigten mit ihrer konkreten Arbeit Natur um. Ihren Gebrauch und Verbrauch verantwortet aber die Unternehmensleitung in allen Aspekten. »Die Arbeiterklasse ist das gesellschaftliche Subjekt, das die Aneignung und Zerstörung der Natur zur Mehrwertproduktion auf Anordnung des Kapitals exekutiert«, erklärt der Historiker Christian Stache.[226]

Die ökologischen Aspekte der Produktion erleben die Lohnabhängigen bei ihrer Arbeit sinnlich, zum Teil schmerzhaft. Insofern sind sie intensiver mit ihnen konfrontiert als die Konsumenten. Wenn Beschäftigte mit toxischen Stoffen hantieren, leidet nicht nur ihre eigene Gesundheit, sondern sie haben klare Vorstellungen von deren Wirkung in der Umwelt. Seit dem 19. Jahrhundert drehen sich Arbeitskämpfe in der Landwirtschaft und der Industrie auch um Gesundheit. Arbeiter*innen wehrten sich gegen körperlichen Schmerz und Langeweile, gegen Gestank, Dreck und Lärm. Mit einigem Erfolg: ohne diesen Druck gäbe es heute keinen Arbeitsschutz und auch weniger Umweltauflagen. Die Unternehmen verlagern die Produktion nicht nur wegen der geringeren Lohnkosten ins Ausland, sondern auch, weil dort der Gesundheits- und Umweltschutz laxer sind. In den Zentren des Weltsystems wiederum hantieren üblicherweise migrantische und randständige Beschäftigte mit den besonders giftigen Substanzen.

Solange die Beschäftigten und ihre Familien nahe der Produktionsanlagen oder landwirtschaftlichen Betriebe leben, sind sie selbst von Abwasser und Abluft und der Degradation der Umwelt betroffen. Die »Umweltschutzbewegung der Arbeiterklasse« (*working-class environmentalism*) verband den Anspruch auf Gesundheit mit dem auf eine lebenswerte Umwelt. Die italienische Sozialwissenschaftlerin Stefania Barca versteht darunter »die alltäglichen Kämpfe, die meist von gering qualifizierten Arbeiter*innen im Agrarsektor, der Industrie und im Dienstleistungssektor geführt werden, sowohl individuell als auch organisiert, um Gefahren im Arbeitsumfeld abzuwehren und die Umwelt zu schützen, in der ihre Familien und ihr soziales Umfeld leben.«[227] In solchen Kämpfen geht es um die Lebensbedingungen insgesamt, nicht um die Höhe der Löhne. Dennoch zählen sie zu Arbeitskämpfen, weil die Beschäftigten ihre Machtressourcen in den Betrieben nutzen.

Der Klassenkampf hat die konkrete Arbeit verändert und ihre ökologischen Folgen sozusagen in die Ferne gerückt. Diese treffen viele Beschäftigte nicht mehr *unmittelbar*, so wie der Ausstoß von Treibhausgasen einen beliebigen Verursacher nur vermittelt über die planetare Senke Erdatmosphäre erreicht. Der Klimawandel betrifft die Arbeiter*innen aber durchaus *mittelbar*. Er ist ihnen bewusst, selbst wenn einzelne das Problem abtun mögen, um ihre eigene Rolle zu rechtfertigen »Auch Beschäftigte in der Autoindustrie haben Angst vor der Klimakatastrophe oder die Einsicht, dass immer mehr Autos zum Verkehrskollaps führen«, schreibt Fanny Müller, Referentin der Rosa-Luxemburg-Stiftung. »Gleichzeitig wissen die Kolleg*innen im Betrieb aber am besten um die technischen und ökologischen Probleme der E-Mobilität sowie der Absatzkrise und fürchten um ihre Jobs.«[228]

Alain Lipietz spricht, wie gezeigt, von einem Klassenkompromiss zwischen Arbeit und Kapital auf Kosten der Natur. Ein missverständlicher Ausdruck: die Klassen einigen sich schließlich nicht darauf, die Feindseligkeiten einzustellen und stattdessen ökologisch destruktive Produktionsmethoden einzusetzen. Allerdings dämpft eine gewisse Teilhabe am Wohlstand die Konfliktbereitschaft. Beschäftigte nehmen die Naturzerstörung in Kauf oder blenden sie aus, so wie sie auch andere negative Aspekte ihrer Arbeit für sich selbst und andere Menschen akzeptieren, mehr oder weniger widerwillig, mehr oder weniger bewusst. Abhängig Beschäftigte befinden sich, wie der Name schon sagt, in einer Zwangslage: ohne Arbeit kein Einkommen. Die Zwecke ihrer Arbeit setzen sie nicht selbst. »Die Arbeiterklasse verrichtet im kapitalistischen Produktionsprozess die konkrete Aneignung der Natur«, fasst Christian Stache zusammen. »Allerdings geschieht dies nicht im eigenen Interesse und selbstorganisiert, sondern im Interesse und unter Leitung des Kapitals zum Zwecke der Mehrwertproduktion.«

Obwohl die Arbeiterklasse insgesamt kein Interesse daran haben kann, die ökologische Krise und den Klimawandel weiter zu verschärfen, gefährden wirksame Gegenmaßnahmen die Arbeitsplätze vieler Lohnabhängiger und damit ihr Einkommen und ihren Status. Aufgrund der tendenziellen wirtschaftlichen Stagnation fürchten ohnehin viele einen sozialen Abstieg und versuchen, am Bestehenden und Erreichten festzuhalten. Angesichts der sozialen Mobilität nach unten scheint es vielen vernünftig, ihren Arbeitsplatz zu verteidigen, ob er zum Klimawandel beiträgt oder nicht. Von der Arbeiterklasse zu unterscheiden sind die Gewerkschaften. Sie sind noch stärker von prosperierenden Unternehmen und der Zusammenarbeit mit dem Management abhängig als ihre Mitglieder. Deshalb hat sich bisher keine große Industriegewerkschaft weltweit eindeutig zur ökologischen Frage positioniert (im Gegensatz zu einigen Dienstleistungsgewerkschaften). Gerade in der Chemie-

und Automobilindustrie und im Energiesektor verhalten sich einige Gewerkschaften wie Lobbyorganisationen, um ihre Betriebe vor zusätzlichen Kosten und Umsatzeinbußen zu schützen.

## Strategiedebatte: Wie hältst du es mit der Arbeiterklasse?

Viele Beiträge in der Klimadebatte sehen die Arbeiterklasse im Globalen Norden eher als Problem denn als Chance. Sie betonen das Ausmaß deren nicht nachhaltigen Konsums. »Die unmittelbaren eigenen Interessen der abhängig Beschäftigten in den Industrieländern decken sich keinesfalls mit dem, was heute eine Transformation der Gesellschaft so dringend nötig macht: dem Interesse an der Erhaltung unserer elementaren natürlichen Lebensvoraussetzungen«, schreibt etwa Bruno Kern. »Im Ringen um unsere ökologische Zukunft steht ein Großteil der organisierten Arbeitnehmerschaft denn auch faktisch auf der anderen Seite.«[229] Noch schärfer formuliert der Volkswirt und Wachstumskritiker Niko Paech: »Die ritualisierten Verteilungskämpfe zwischen Gewerkschaften und Arbeitgeberverbänden verschleiern, dass sich dahinter eine beständige Komplizenschaft in der Aneignung von Zuwächsen verbirgt, die aus gesteigerter Ressourcenaneignung resultieren.«[230]

Ähnlich argumentieren Ulrich Brand und Markus Wissen in ihrer Kritik der »imperialen Lebensweise«. Abhängig Beschäftigten im Globalen Norden nutzten der Raubbau an der Natur und der ungleiche ökologische und ökonomische Tausch mit dem Globalen Süden, weil sie die dortige Arbeit und Rohstoffe verbilligten. »Von dieser (imperialen Lebensweise) profitieren insbesondere die Vermögenden und Eigentümer der Produktionsmittel in den kapitalistischen Zentren, später große Teile der Lohnabhängigen.«[231] Sie leben auf Kosten anderer, oder wenigstens: etwas besser als ohne deren Ausbeutung. Obwohl Brand und Wissen anmerken, dass der Zugriff der »imperialen Lebensweise« je nach »Klasse, Geschlecht, rassisierter Zuschreibung«[232] unterschiedlich groß ausfällt, bleibt als Ausweg nur die »Deprivilegierung«: »Viele werden, in einem unterschiedlichen Ausmaß verlieren – und müssen dies, weil das, was sie tun, nicht verallgemeinerbar ist, sondern zulasten anderer geht.«[233]

Diese Debatte läuft auf die Frage hinaus, wie groß der notwendige Verzicht sein wird. Er würde allerdings gerade jene treffen, die schon lange Einkommenseinbußen hineinnehmen müssen oder stabile Einkommen nur durch eine Verdichtung ihrer Arbeit und Freizeit erreichen. Die politische Konsequenz spricht Bruno Kern ehrlich aus: »Die gesellschaftliche Transformation wird nur dann gelingen, wenn eine kritische Masse von Menschen entsteht, die bereit sind, gegen ihre unmittelbaren Interessen zu handeln.«[234]

Ohne Zweifel erhöhte die koloniale und neokoloniale Ausbeutung von Menschen, Natur und Bodenschätzen das Konsumniveau des Proletariats im Norden, angefangen mit der (Sklaven-)Arbeit auf Plantagen, die englischen Arbeiter*innen süßen Tee verschaffte. In den wachstumskritischen Texten erscheint Klassenkampf allerdings als bloße Auseinandersetzung um ein größeres Stück vom Kuchen, obwohl in manchen, wenn auch seltenen Momenten Arbeiter*innen für andere Rezepte und eine andere Zubereitungsart stritten. Christian Stache kritisiert zurecht »die sozialdemokratische Engführung des Klassenkampfs auf Löhne, Co-Management und bessere Arbeitsverhältnisse«[235]. Im Arbeitsalltag geht es um die Verfügung und Kontrolle über das eigene Leben. Nichts macht unglücklicher, als Arbeit zu leisten, die unabweislich schädlich ist. Interessen entstehen nicht einfach aus einer gesellschaftlichen Rolle, sondern sind widersprüchlich und dynamisch.

Im Gegensatz zu symbolischem Protest und Massendemonstrationen würde ein Klimageneralstreik die THG-Konzentration unmittelbar senken. Einen Vorgeschmack auf sozial-ökologischen Klassenkampf boten die französischen Gelbwesten. Sie forderten unter anderem, doch endlich Flugzeugbenzin zu besteuern, statt sie finanziell zu belasten. »Nur die Lohnabhängigen in den Betrieben sind potenziell dazu in der Lage, die entscheidenden Fragen, was, wie, wo für wen und auf welche Weise produziert wird, ins Zentrum der politischen Auseinandersetzung zu rücken«, argumentiert Christian Zeller.«[236] Viele Ökosozialist*innen verweisen darauf, dass es ohne die Arbeiter*innenklasse nicht gehen wird. »Eine sozial-ökologische Transformation kapitalistischer Naturverhältnisse wird nur mit der aktiven Beteiligung der Lohnabhängigen gelingen«, glaubt auch Oliver Pye.[237]

## »Transformative Realpolitik« oder »ökologischer Leninismus«?

In einer Zusammenschau diverser Konzepte für einen GND merkt Katharina Schramm an: »Die Konzepte bewegen sich trotz ihrer Radikalität auf staatlicher Handlungsebene und fokussieren hier wiederum vielmehr die Frage, was getan werden sollte, und weniger, wie man die Forderungen politisch durchsetzen kann.«[238] Diese Beliebigkeit erklärt die Beliebtheit des GND: Viele Positionen finden unter diesem breiten Dach Platz.

Weitgehend unbestritten ist, dass ohne unabhängige Initiative von unten der *Green New Deal* nur eine Phrase oder ein Wunschtraum bleiben wird. »Die zentralen Fragen werden nicht allein durch Wahlen geklärt«, betont Naomi Klein. »Letztlich geht es darum, politische Macht aufzubauen.«[239] Aber auch sie bleibt vage und vermeidet sorgfältig, auf die Folgen des GND für das Wirtschaftswachstum einzugehen. Diese typische Auslassung betrifft eine entscheidende Frage: Wie reagieren wir, wenn die »Generalüberholung des Betriebssystems«, von der Naomi Klein spricht, eine ökonomische Krise auslöst und beispielsweise zu Preissteigerungen oder Versorgungsengpässen führt? Diese Gefahr ist real. Von Enteignung und Entmachtung bedroht, wird das Kapital alle Mittel einsetzen, die ihm zur Verfügung stehen. Es wird nicht nur politischen Protest mobilisieren, sondern auch Investitionen einstellen und Kapital aus den Ländern abziehen, die vorangehen. Flüchten wir dann nach vorn, hin zu Kapitalmarktkontrollen, Vergesellschaftung und einer (wenigstens teilweisen) Abkopplung vom Weltmarkt? Oder rudern wir zurück, »um die Märkte zu beruhigen«? Zugegeben, dieses Szenario ist rein hypothetisch. Wer es ernst meint mit dem Systemwandel, sollte es dennoch durchdenken.*

Auch in seinen radikaleren Varianten zielt das Konzept *GND* darauf, über den Kapitalismus allmählich hinauszuwachsen. Die sozial-ökologische Transformation soll ihn aushöhlen oder wenigstens menschlicher und ökologisch nachhaltiger gestalten. Ulrich Brand und Markus Wissen setzen der »imperialen Lebensweise« eine »solidarische Lebensweise« entgegen, wozu »ein institutioneller Umbau des Staates« notwendig sei.[240] Klaus Dörre empfiehlt in diesem Zusammenhang »eine kluge Arbeitsteilung zwischen Parteien, Gewerkschaften und sozialen Bewegungen«.[241] In der Tradition des »radikalen Reformismus« (Joachim Hirsch) setzen diese Autorinnen auf Reformen, die behutsam das gesellschaftliche Kräfteverhältnis verschieben. Der Ausbau der Infrastruktur und öffentliche Eigentumsformen wie Genossenschaften oder Tauschvereine spielen in der Debatte eine wichtige Rolle. Teilweise werden sie als »Keimformen« begriffen, deren Wachstum das kapitalistische System gleichsam überwuchert.[242]

Allerdings ist fraglich ob eine sozial-ökologische Wende ohne heftige Erschütterungen des politischen Betriebs und massenhafte Kämpfe erreicht werden kann. Christian Zeller weist zurecht darauf hin, dass dem radikalen Reformismus »die ökonomischen, politischen und ökologischen Voraussetzungen abhandengekommen sind. Der ökonomische Spielraum für ein ›anderes Gesicht des Kapitalismus‹ (Joachim Hirsch) mit einer längeren Phase des sozialen

* Immerhin bereitete sich die britische Labour Party 2017 für den Fall ihres Wahlsiegs darauf vor, Kapitalflucht nach Möglichkeit zu verhindern und bei einer Abwertung des britischen Pfunds gegenzusteuern. (Vgl. Jim Pickard (2017): Labour plans for capital flight or run on pound if elected. In: Financial Times Europe. 27. September 2017.) Dies zeugt von einer gewissen Ernsthaftigkeit.

Ausgleichs, dem demokratischen Zurückdrängen des Staates und der sozialökologischen Reformen existiert nicht mehr.«[243]

Statt zu radikalem Reformismus rät der Humanökologe Andreas Malm zu einem »ökologischen Leninismus«. Darunter versteht er den Versuch, »den Staatsapparat zu zwingen, seine Fesseln an die Kreisläufe des Kapitals zu kappen«[244]. Weil sich das Zeitfenster für die Emissionsminderung schließt, plädiert Malm für »Geschwindigkeit als oberste Tugend« und »eine gewisse Offenheit gegenüber harter Staatsmacht«, um dem Kapital die Dekarbonisierung aufzuzwingen. Strategisch entscheidend sei es, »die Krisen der Symptome in Krisen der Ursachen verwandeln«. Um Malms Ansatz etwas freihändig zu illustrieren: Die Bolschewiki nutzten den Ersten Weltkrieg, um den Zarismus zu besiegen. So soll auch die Klimagerechtigkeitsbewegung die Folgen des Klimakrise nutzen, um das fossile Kapital zu entmachten.

## »Umweltproletariat« und Umweltschutz in proletarischem Interesse

Solche Strategiedebatten gleichen dem Meinungsaustausch von erregten Generälen ohne Armee, (zumal sie in erster Linie von aktivistischen Akademiker*innen ausgetragen werden). Die zukünftigen Kämpfe der Lohnabhängigen und der Klimagerechtigkeitsbewegung – miteinander und/oder gegeneinander – werden darüber entscheiden, welche Art der Transformation möglich ist.

In diesen Auseinandersetzungen werden ökologische und ökonomische Fragen zunehmend verschmelzen. »Not ist hierarchisch, Smog ist demokratisch«, behauptete der Soziologe Ulrich Beck in den 1980er Jahren.[245] Die Folgen der Umweltzerstörung seien sozial neutral und bedrohten alle Menschen gleichermaßen. In der Klimakrise ist das Gegenteil der Fall: sie trifft die Menschen umso härter, je ärmer sie sind. »Angehörige der Arbeiterklasse leiden am stärksten unter der ökologischen Zerstörung, denn sie arbeiten in gesundheitsgefährdenden Umgebungen, leben in den am stärksten verschmutzen Wohngebieten und haben weniger Möglichkeiten, in nicht-kontaminierte Gegenden umzuziehen und gesunde Lebensmittel zu kaufen«, erklärt Stefania Barca.[246]

Unter den Hitzewellen im Sommer leiden die Bewohner*innen der ärmeren Viertel, wo enge und schlecht isolierte Wohnungen kaum Schutz bieten, am meisten, während Wohlhabende über geräumige und gut isolierte Häuser mit Klimaanlage verfügen. Bei länger andauernder Hitze, wie sie uns in Zukunft regelmäßig bevorsteht, wärmen sich die dicht bebauten Innenstädte zu Hitzeinseln auf. Diese Belastung verstärkt die gesundheitlichen Folgen schlechter Luftqualität und untergräbt das Immunsystem. Viele ärmere Menschen können sich auch bei extremen Temperaturen nicht der Arbeit entziehen. Zum Teil müssen sie sogar im Freien arbeiten. Sie können weniger Pausen machen, weil sie den Arbeitsprozess kaum gestalten können.

Natürlich sind die Lebensverhältnisse in den unteren Klassen sehr unterschiedlich, und sie werden sich nicht unbedingt angleichen. Dennoch wird die Möglichkeit zur alltäglichen Anpassung an den Klimawandel immer wichtiger. Weil die Ärmeren kaum individuelle Möglichkeiten dazu haben, sind gerade sie auf eine steuerfinanzierte Anpassungsstrategie und soziale Infrastrukturen angewiesen. Gegenwärtig sind gerade ihre Wohngebiete und Sozialeinrichtungen besonders verwahrlost. Sie haben weniger Zugang zu Parks und Brunnen, obwohl die »grünen und blauen Infrastrukturen« die Grundlage für die urbane Klimaanpassung sind. Sie sind stärker von ausfallenden Stromnetzen und Wassermangel betroffen. Schließlich wird die Klimakrise ihren Lebensstandard senken, weil die Preise für Energie, Lebensmittel und Verkehr steigen.

Der US-amerikanische Ökosozialist John Bellamy Foster schlägt für diese Tendenzen den Begriff des »Umweltproletariats« vor: »Es bildet sich infolge der Kombination von ökologischer Zerstörung und wirtschaftlicher Not, vor allem bei den unteren Gruppen der Gesellschaft. Unter diesen Umständen werden die materiellen Krisen, die das Leben der Menschen erfassen, in ihren ökologischen und wirtschaftlichen Folgen zunehmend nicht mehr voneinander zu unterscheiden sein (z. B. in den Ernährungskrisen).«[247]

Gleichzeitig wird die eigene Rolle als Produzentinnen von arbeitsbedingten Emissionen am Arbeitsplatz umso problematischer, je spürbarer ihre Folgen im eigenen Alltag werden. Diese Widersprüche kann die Klimagerechtigkeitsbewegung aufgreifen und die umweltproletarischen Kämpfe solidarisch unterstützen. Nicht im Sinne einer wohlmeinenden Unterstützung von hilfsbedürftigen Opfern, sondern um gemeinsame Ziele zu erreichen: eine gerechte Anpassung an die unvermeidliche Erwärmung und eine gerechte Lastenverteilung der Dekarbonisierung. Diese Bewegung kämpft nicht nur im Namen vermeintlich passiver Opfer im Globalen Süden, sondern für Klimagerechtigkeit überall. Statt endlose und vergebliche Debatten über nachhaltigen Konsum zu führen, müssen Arbeiter*innen und Umweltaktivist*innen die Arbeit ins Zentrum rücken. Das globale Umweltproletariat trägt nicht nur die größten Lasten in der Klimakrise, sondern es verursacht sie auch, mit seiner Arbeit unter dem Kommando des Kapitals. *Um die ökologische Frage zu lösen, müssen wir die soziale beantworten – und umgekehrt.*

## Ein System ohne Legitimität

An Anlässen und Gelegenheiten wird es der Klimagerechtigkeitsbewegung nicht mangeln – leider. Bei der Drucklegung dieses Buchs im März 2021 liegt die atmosphärische Konzentration von $CO_2$ bei 412 ppm, damit etwa 48 Prozent über dem vorindustriellen Niveau. Die staatliche Reaktion beschränkt sich weiterhin auf Absichtserklärungen.

Die Hoffnung aufgeben? Andreas Malm verweist in seiner Kritik des »Klimafatalismus« darauf, dass der anthropogene Treibhauseffekt immer von dieser Konzentration abhängig bleiben wird, gleich wie hoch dieser steigen mag. Auch nachdem wir das »Zwei-Grad-

Ziel« verfehlt haben. »Jede Gigatonne zählt, jede einzelne Anlage, jedes Terminal, jeder SUV, jede Pipeline und jede Superyacht wirkt sich auf den aggregierten Schaden aus. … Die Bewegung muss so viel Raum wie möglich auf diesem mit Narben übersäten Planeten bewahren, damit menschliches und andere Formen des Lebens weiterhin bestehen und vielleicht sogar gedeihen können und im besten Fall sogar ein paar der Wunden vergangener Jahrhunderte heilen.«[248]

Während des allmählichen, möglicherweise stoßweise verlaufenden Niedergangs werden die Lebensverhältnisse der unteren Klassen elender und unsicherer und der bürgerlichen Gesellschaft die Grundlagen abhandenkommen. Wenn wir nicht den größten aller Massenselbstmorde begehen wollen, bleibt uns nichts anderes übrig, als die Kreisläufe des Erdsystems wieder zu stabilisieren. Die ökologischen Folgen der kapitalistischen Produktion müssen dauerhaft bearbeitet und beseitigt werden (sicher bis weit ins 22. Jahrhundert). Die ignorierten ökologischen Externalitäten der Vergangenheit werden zu einem sozialen und ökonomischen Problem der Gegenwart.

Das kapitalistische Naturverhältnis – der Mensch und seine Stellung zur übrigen Natur – steht damit objektiv in Frage, wenn auch nur für eine Minderheit subjektiv. So oder so verändert sich der Horizont der Debatte. Wenn wir in Zukunft als »Hüter des Erdsystems« gezwungen sind, den Planeten langfristig und bewusst umzuformen, stellt sich doch die Frage, welchen Kriterien die »Erdgestaltung« folgen soll und wie diese zu bestimmen wären. Wir müssen den Planeten umbauen, aber welchen wollen wir eigentlich haben? Welche Lebensformen soll er ermöglichen? Darin enthalten ist die Frage nach dem Subjekt Menschheit, das einen vernünftigen Umgang mit dem Planeten finden muss. Heute ist Menschheit nicht mehr als ein Postulat oder eine rhetorische Figur, so wie das »Wir«, das ich in diesem Buch immer wieder bemüht habe, obwohl in Wirklichkeit »Menschheit« gegenwärtig kaum mehr ist als die Summe widerstreitender Mächte und unversöhnlicher Klassen.

Die Politisierung der Natur delegitimiert die Eliten, die sich unfähig zeigen, auf die Klimakrise angemessen zu reagieren, weil sie gegenüber der vermeintlichen Naturgewalt kapitalistischer Akkumulation machtlos sind. Es bleiben ihnen Versprechungen, Ausflüchte, Heucheln, Leugnen, auf Sündenböcke Deuten. »Ihr stehlt uns die Zukunft«, rufen die Jugendlichen auf Demonstrationen. Sie appellierten bei den »Klimastreiks« an die Regierungen, sie mögen doch vernünftig sein. Welche Schlussfolgerungen ziehen sie daraus, dass das offenbar zu viel verlangt ist?

# Anmerkungen

1 »New climate predictions assess global temperatures in coming five years«. 8.7.2020. Online: https://public.wmo.int/en/media/press-release/new-climate-predictions-assess-global-temperatures-coming-five-years.
2 Vgl. Albrecht von Lucke (2019): Fridays for Future: Der Kampf um die Empörungshoheit. In: Blätter für Deutsche und internationale Politik. Berlin. März 2019. S. 91-100.
3 Paul Hockenos: Gesucht: Eine neue Gangart – Klimaproteste in Zeiten der Corona-Krise. 31.3.2020. Online: www.boell.de/de/2020/03/31/gesucht-eine-neue-gangart-klimaproteste-zeiten-von-corona.
4 Klaus Dörre (2013): Kapitalismus im Wachstumsdilemma: Die Verdrängung der ökologischen Krisendimension und ihre Folgen. In: WSI Mitteilungen 2/2013. Düsseldorf: WSI Wirtschafts- und Sozialwissenschaftliches Institut der Hans-Böckler-Stiftung. S. 149-151, hier S. 150.
5 Klaus Dörre (2017): Great Transformation: Die Zukunft moderner Gesellschaften, Vortrag auf dem 30. ordentlichen Bundeskongress der NaturFreunde Deutschlands e.V., 31.3.-2.4.2017 in Nürnberg. Online: www.naturfreunde.de/sites/default/files/attachments/nfdbk_vortrag-doerre_great-transformation.pdf.
6 Eric Hobsbawm (1995): The Age of Extremes: A History of the World, 1914-1991. New York. S. 261. Eigene Übersetzung.
7 Naomi Klein (2015): Die Entscheidung: Kapitalismus vs. Klima. Aus dem Englischen von Christa Prummer-Lehmair / Sonja Schuhmacher / Gabriele Gockel. Frankfurt a. M. S. 314.
8 Bruno Kern (2019): Das Märchen vom Grünen Wachstum: Plädoyer für eine solidarische und nachhaltige Gesellschaft. Zürich. S. 43.
9 IPPC (2019): Global Warming of 1.5 °C – an IPCC special report on the impacts of global warming of 1.5 °C above pre-industrial levels and related global greenhouse gas emission pathways, in the context of strengthening the global response to the threat of climate change, sustainable development, and efforts to eradicate poverty. Online: www.ipcc.ch/report/sr15.
10 IPPC (2019). S. 96. Eigene Übersetzung.
11 A. a. O. S. 285. Eigene Übersetzung.
12 M. L. Weitzman: Fat-Tailed Uncertainty in the Economics of Catastrophic Climate Change. Review of Environmental Economics and Policy [Internet]. 2011, Bd. 5, Nr. 2, S. 275-292.
13 Zahlen des Global Carbon Budget, online: www.globalcarbonproject.org. Siehe

auch G.P. Peters / R.M. Andrew / J.G. Canadell / P. Friedlingstein / R.B. Jackson / J.I. Korsbakken / C. Le Quéré / A. Peregon (2019): Carbon dioxide emissions continue to grow despite emerging climate policies, Nature Climate Change.

14 Todd Stern (2012): Special Envoy for Climate Change: Remarks at Dartmouth College. Nur online: https://2009-2017.state.gov/e/oes/rls/remarks/2012/196004.htm. Eigene Übersetzung.

15 Vgl. Robert J. Gordon (2016): The Rise and Fall of American Growth: The U.S. Standard of Living since the Civil War. Princeton University Press.

16 FAO (2017): The future of food and agriculture: Trends and challenges. Rom. Online: www.fao.org/3/a-i6583e.pdf.

17 Victor Wepener (2020): Statement of World Aquatic Scientific Societies on the Need to Take Urgent Action against Human-Caused Climate Change, Based on Scientific Evidence. 14.9.2020. Online: www.tandfonline.com/doi/abs/10.2989/16085914.2020.1824388.

18 Woetzel / Pinner / Samandari / Engel / Krishnan / Boland / Powis (2020): Climate risk and response: Physical hazards and socioeconomic impacts. Bericht des McKinsey Global Institute. Online: www.mckinsey.com/business-functions/sustainability/our-insights/climate-risk-and-response-physical-hazards-and-socioeconomic-impacts.

19 Raymond / Matthews / Horton (2020): The emergence of heat and humidity too severe for human tolerance. Science Advances 08, Mai 2020, Bd. 6, Nr. 19.

20 Lelieveld / Proestos / Hadjinicolaou / Tanarhte / Tyrlis / Zittis (2016): Strongly increasing heat extremes in the Middle East and North Africa (MENA): in the 21st century. Climatic Change, 23.4.2016.

21 Rigaud et al. (2018): Groundswell: Preparing for internal climate migration. World Bank, März 2018.

22 BMVg (2019): Der Klimawandel: Herausforderungen für die Bundeswehr. 17.6.2019. Nur online: www.bmvg.de/de/aktuelles/klimawandel-bundeswehr-59138.

23 Peter Gleick (2014): Water, Drought, Climate Change, and Conflict in Syria. In: Weather, Climate, and Society. Jg. 6, Nr. 3, Juli 2014. S. 331-340.

24 WWF Deutschland (2015): Die Ruhe vor dem Sturm. Berlin: World Wide Fund for Nature. S. 5.

25 Naomi Klein (2015): Die Entscheidung: Kapital vs. Klima. In: Blätter für deutsche und internationale Politik. 60.5, 2015, S. 43-57, hier S. 52.

26 Jared Diamond (2003): Why do societies collapse? TED-Talk. Februar 2003. Online: www.ted.com/talks/jared_diamond_why_do_societies_collapse/transcript.

27 Naomi Klein (2015): Die Entscheidung: Kapital vs. Klima. In: Blätter für deutsche und internationale Politik 60.5, 2015, S. 43-57, hier S. 45.

28 Ebd.

29 Eine gute und knappe Einführung bietet David Harvey (2007): Kleine Geschichte des Neoliberalismus. Zürich.

30 Harald Lesch / Klaus Kamphaus (2016): Die Menschheit schafft sich ab: Die Erde im Griff des Anthropozäns. Köln. S. 379.

31 Ulrich Brand / Markus Wissen (2017): Imperiale Lebensweise: Zur Ausbeutung von Mensch und Natur im globalen Kapitalismus. München. S. 63.

32 Jason W. Moore (2020): Kapitalismus im Lebensnetz: Ökologie und die Akkumulation des Kapitals. Berlin. S. 359.

33 Ulrich Brand / Markus Wissen (2017): Imperiale Lebensweise: Zur Ausbeutung von Mensch und Natur im globalen Kapitalismus. München. S. 103.

34 Glen Peters / Jan Minx / Christopher Weber / Ottmar Edenhofer (2011): Growth in emission transfers via international trade from 1990 to 2008. In: Proceedings of the National Academy of Sciences. Mai 2011, Bd. 108, Nr. 21, S. 8903-8908, hier S. 8903.

35 Ian Angus (2020): Im Angesicht des Anthropozäns: Klima und Gesellschaft in der Krise. Münster. S. 167.

36 Michael Webber (2012): The dynamics of primitive accumulation: With application to rural China. In: Environment and Planning A.

37 Nomaan Majid (2015): The great employment transformation in China. ILO Working Paper. Nr. 195. Online: www.ilo.org/wcmsp5/groups/public/---ed_emp/documents/publication/wcms_423613.pdf.

38 Ian Angus (2020): Im Angesicht des Anthropozäns: Klima und Gesellschaft in der Krise. Münster. S. 158 f.

39 FAO (2017): The Future of Food and Agriculture. Rom. S. 24. Online: www.fao.org/3/a-i6583e.pdf.

40 Philip McMichael (2018): Im Bauch der Bestie: Widersprüche des Globalen Ernährungsregimes. In: LuXemburg – Gesellschaftsanalyse und linke Praxis. Nr. 1/2018. S. 10-20, hier S. 11.

41 Eric Hobsbawm (1995): The Age of Extremes: A History of the World, 1914–1991. New York: Pantheon. S. 260. Eigene Übersetzung.

42 Marita Wiggerthale (2009): Macht Handel Hunger? In: Welternährung. Aus Politik und Zeitgeschichte Nr. 6-7, 2.2.2009. S. 15-21, hier S. 16.

43 Ulrich Brand / Markus Wissen (2017): Imperiale Lebensweise: Zur Ausbeutung von Mensch und Natur im globalen Kapitalismus. München. S. 102.

44 International Labour Office (2020): World Employment and Social Outlook: Trends 2020. Genf: ILO. S. 12. Eigene Übersetzung.

45 Mike Davis (2007): Planet der Slums. Berlin/Hamburg.

46 Fridolin Krausmann / Ernst Langthaler (2016): Globale Nahrungsregimes aus historisch-sozialökologischer Sicht. In: Fischer / Jäger / Schmidt (Hrsg.): Globale Ressourcen und Rohstoffpolitik (Historische Sozialkunde / Internationale Entwicklung, Bd. 35). Wien.

47 John Wilkinson (2017): Der Trend zum Global Player. In: Konzernatlas 2017: Daten und Fakten über die Lebensmittelindustrie. Herausgegeben von Heinrich-Böll-Stiftung, Rosa-Luxemburg-Stiftung, Bund für Umwelt und Naturschutz Deutschland, Oxfam Deutschland, Germanwatch, Le Monde diplomatique. S. 10 f. Online: www.bund.net/fileadmin/user_upload_bund/publikationen/landwirtschaft/landwirtschaft_konzernatlas_2017_01.pdf.

48 Vgl. Ulrich Kluge (2005): Agrarwirtschaft und ländliche Gesellschaft im 20. Jahrhundert. München.

49 Ian Angus (2020): Im Angesicht des Anthropozäns: Klima und Gesellschaft in der Krise. Münster. S. 158.
50 Philip McMichael / Harriet Friedmann (2007): Situating the ›Retailing Revolution‹. In: Supermarkets and Agrifood Supply Chains.
51 Harald Lesch / Klaus Kamphaus (2016): Die Menschheit schafft sich ab: Die Erde im Griff des Anthropozäns. Köln. S. 255.
52 Yoshihide Wada / Marc Bierkens (2014): Sustainability of global water use: past reconstruction and future projections. In: Environmental Research Letters, 9. Jg., Nr. 10.
53 FAO (2017): The Future of Food and Agriculture. Rom. S. 24. Eigene Übersetzung. Online: www.fao.org/3/a-i6583e.pdf.
54 Harald Schumann (2011): Die Hungermacher: Wie Deutsche Bank, Goldman Sachs & Co. auf Kosten der Ärmsten mit Lebensmitteln spekulieren. S. 9.
55 Michael Pollan (2008): Farmer in Chief. In: New York Times, 9.10.2008. Eigene Übersetzung.
56 Poore / Nemecek (2018): Reducing food's environmental impacts through producers and consumers. In: Science, Bd. 360, Nr. 6392. S. 987-992.
57 Bruno Kern (2019): Das Märchen vom Grünen Wachstum: Plädoyer für eine solidarische und nachhaltige Gesellschaft. Zürich. S. 56.
58 David Harvey (2004): Die Geographie des »neuen« Imperialismus: Akkumulation durch Enteignung. In: Christian Zeller (Hrsg.): Die Globale Enteignungsökonomie. Münster. S. 183-215, hier S. 187.
59 Ebd.
60 David Harvey (2001): Globalization and the ›Spatial Fix‹. In: geographische revue, Nr. 2/2001. S. 24.
61 Ulrich Brand / Markus Wissen (2017): Imperiale Lebensweise: Zur Ausbeutung von Mensch und Natur im globalen Kapitalismus. München. S. 103.
62 Rosa Luxemburg (1913 / 1975): Die Akkumulation des Kapitals: Ein Beitrag zur ökonomischen Erklärung des Imperialismus. Gesammelte Werke, Bd. 5, Berlin. S. 364.
63 Klaus Dörre (2017): Great Transformation: Die Zukunft moderner Gesellschaften, Vortrag auf dem 30. ordentlichen Bundeskongress der NaturFreunde Deutschlands e.V., 31.3.-2.4.2017 in Nürnberg. Online: www.naturfreunde.de/sites/default/files/attachments/nfdbk_vortrag-doerre_great-transformation.pdf.
64 Zitiert nach: Ian Angus (2020): Im Angesicht des Anthropozäns: Klima und Gesellschaft in der Krise. Münster. S. 126.
65 Karl Marx (1967): Theorien über den Mehrwert. MEW 26.2. Berlin. S. 524.
66 Karl Marx (1987): Das Kapital. Band 1. MEW 23. Berlin. S. 618.
67 Bruno Kern (2019): Das Märchen vom Grünen Wachstum: Plädoyer für eine solidarische und nachhaltige Gesellschaft. Zürich. S. 28.
68 Karl Marx (1987): Das Kapital. Band 1. MEW 23. Berlin. S. 338.
69 Ebd., S. 201.
70 Bruno Kern (2019): Das Märchen vom Grünen Wachstum: Plädoyer für eine solidarische und nachhaltige Gesellschaft. Zürich. S. 28.
71 Artikel 109 Absatz 2 GG.

72 Angela Merkel, MdB, auf dem 17. Parteitag der CDU, 1.12.2003 in Leipzig.

73 WBGU (2011): Welt im Wandel – Gesellschaftsvertrag für eine Große Transformation. Hauptgutachten. Berlin: WBGU. S. 189. Online: www.wbgu.de/fileadmin/user_upload/wbgu/publikationen/hauptgutachten/hg2011/pdf/wbgu_jg2011.pdf.

74 William Ruddiman (2003): The Anthropogenic Greenhouse Era Began Thousands of Years Ago. In: Climatic Change 61: 261-293.

75 Vgl. John Bellamy Foster (1999): Marx's Theory of Metabolic Rift: Classical Foundations for Environmental Sociology. In: American Journal of Sociology. Band105, Nr. 2 (September 1999). S. 366-405, hier S. 373ff. Online: https://johnbellamyfoster.org/wp-content/uploads/2014/07/Marxs-Theory-of-Metabolic-Rift.pdf.

76 Justus von Liebig (1878): Chemische Briefe. Leipzig/Heidelberg. S. 421. Digitalisat: https://de.wikisource.org/wiki/Chemische_Briefe.

77 Kohei Saito (2016): Natur gegen Kapital: Marx' Ökologie in seiner unvollendeten Kritik des Kapitalismus. Frankfurt a. M.

78 Karl Marx (1964): Das Kapital. Band 3. MEW 25. Berlin. S. 821.

79 Justus von Liebig (1965/1840): Die organische Chemie in ihrer Anwendung auf Agricultur und Physiologie. Braunschweig. S. 141.

80 Karl Marx (1964): Das Kapital. Band 3. MEW 25. Berlin. S. 110.

81 Reinhard Loske (1990): Von Tätern, Opfern und Grenzen. In: Kommune, o. O., 8. Jg., Nr. 6. S. 32-36.

82 Angus Maddison (2007): Contours of the World Economy, 1-2030 AD: Essays in Macro-Economic History. Oxford: Oxford University Press. Zitiert nach: David Harvey (2010): The Enigma of Capital and the Crisis this Time. Online: http://davidharvey.org/2010/08/the-enigma-of-capital-and-the-crisis-this-time.

83 David Harvey (2010): The Enigma of Capital: And the Crises of Capitalism, London: Profile Books. S. 27. Eigene Übersetzung.

84 Goldewijk/Beusen/Doelman/Stehfest (2017): Anthropogenic land use estimates for the Holocene–HYDE 3.2. In: Earth System Science Data. 9. Jg., Nr 2. S. 927-953.

85 Will Steffen et al. (2011): The Anthropocene: From Global Change to Planetary Stewardship. In: Ambio. 40. Jg., Nr. 7, November 2011. S. 739-761, hier S. 740.

86 Johan Rockström et al. (2009): A Safe Operating Space for Humanity. In: Nature. Bd. 461, Nr. 24. S. 472-475, hier S. 472. Eigene Übersetzung.

87 Johan Rockström et al. (2009): A Safe Operating Space for Humanity. In: Nature, Bd. 461, Nr. 24. S. 472-475, hier S. 474. Zitiert nach: Ian Angus (2020): Im Angesicht des Anthropozäns: Klima und Gesellschaft in der Krise. Münster. S. 78.

88 Will Steffen et al. (2011): The Anthropocene: From Global Change to Planetary Stewardship. In: Ambio. 40. Jg., Nr. 7, November 2011. S. 739-761, hier S. 756.

89 Jens Berger (2019): Es ist kontraproduktiv, Wachstum zu verteufeln – auch und gerade im Rahmen der Klimadebatte. Nachdenkseiten 2. 10. 2019. Nur online: www.nachdenkseiten.de/?p=55332.

90 Bruno Kern (2019): Das Märchen vom Grünen Wachstum: Plädoyer für eine solidarische und nachhaltige Gesellschaft. Zürich. S. 41 f.

91 Parrique / Barth / Briens / Kerschner / Kraus-Polk / Kuokkanen / Spangenberg (2019): Decoupling debunked: Evidence and arguments against green growth as a sole strategy for sustainability. European Environmental Bureau. S. 31.

92 Helmut Haberl et al. (2020): A systematic review of the evidence on decoupling of GDP, resource use and GHG emissions, part II: synthesizing the insights. In: Environental Research Letters. 15. Jg., 11.6.2020. S. 29f.

93 Bruno Kern (2019): Das Märchen vom Grünen Wachstum: Plädoyer für eine solidarische und nachhaltige Gesellschaft. Zürich. S. 50.

94 Jens Berger (2019): Es ist kontraproduktiv, Wachstum zu verteufeln – auch und gerade im Rahmen der Klimadebatte. Nachdenkseiten, 2.10.019. Nur online: www.nachdenkseiten.de/?p=55332.

95 Mansfield / Munroe / McSweeny (2010): Does economic growth cause environmental recovery? Geographical explanations of forest regrowth. In: Geography Compass 4. 416-27. Diese Ergebnisse widersprechen der sog. *Forest Transition Theory*, die eine Umwelt-Kuznets-Kurve des Waldbestands behauptet.

96 Andrew McAfee (2020): Kapitalismus und Technik retten das Klima. In: Frankfurter Sonntagszeitung, 30.8.2020. S. 23.

97 Wuppertal Institut für Klima, Umwelt, Energie (2013): 18 Factsheets zum Thema Mobiltelefone und Nachhaltigkeit. Nur online: https://wupperinst.org/uploads/tx_wupperinst/Mobiltelefone_Factsheets.pdf.

98 Hinrichs Helms et al. (2016): Weiterentwicklung und vertiefte Analyse der Umweltbilanz von Elektrofahrzeugen. Studie im Auftrag des Bundesumweltamts. Dessau-Roßlau. Online: www.umweltbundesamt.de/sites/default/files/medien/378/publikationen/texte_27_2016_umweltbilanz_von_elektrofahrzeugen.pdf.

99 Stoll / Klaaßen / Gallersdörfer (2019): The Carbon Footprint of Bitcoin. In: SSRN Electronic Journal. Online: www.researchgate.net/publication/331407183_The_Carbon_Footprint_of_Bitcoin.

100 Ralf Fücks / Kristina Steenbock (2007): Die Große Transformation: Kann die ökologische Wende des Kapitalismus gelingen? In: Böll-Thema. Nr. 1/2007. Berlin: Heinrich-Böll-Stiftung. S. 4.

101 Franziska Brantner / Robert Habeck (2019): Der »Green Deal« ist eine riesige Chance. In: Frankfurter Allgemeine Zeitung, 13.10.2019.

102 Christoph Görg (2003): Regulation der Naturverhältnisse. Zu einer kritischen Theorie der ökologischen Krise. Münster. S. 140.

103 Ebd. S. 286.

104 Hendrik Sander (2016): Auf dem Weg zum Grünen Kapitalismus? Die Energiewende nach Fukushima. Berlin. S. 86.

105 Jonas Rest (2011): Grüner Kapitalismus? Klimawandel, globale Staatenkonkurrenz und die Verhinderung der Energiewende. Wiesbaden. S. 101.

106 Winfried Wolf (2019): Auto-Crash. In: Lunapark 21. Ausgabe 47, Oktober 2019. S. 26-33, hier S. 27.

107 Ebd.

108 Christian Zeller (2020): Revolution für das Klima: Warum wir eine ökosozialistische Alternative brauchen. München. S. 92.

109 Hendrik Sander (2016) Auf dem Weg zum Grünen Kapitalismus? Die Energiewende nach Fukushima. Berlin. S. 111.
110 Jonas Rest (2011): Grüner Kapitalismus? Klimawandel, globale Staatenkonkurrenz und die Verhinderung der Energiewende. Wiesbaden.
111 Ebd. S. 198.
112 Christian Zeller (2020): Revolution für das Klima: Warum wir eine ökosozialistische Alternative brauchen. München. S. 92.
113 Jörg Haas / Barbara Unmüßig (2020): Die ›Carbon Bubble‹: Finanzwirtschaft am Kipppunkt? In: Blätter für deutsche und internationale Politik. 9/2020. Berlin. S. 101-113.
114 Christian Stache (2018): Naturausbeutung als Klassenfrage. In: Z. Zeitschrift Marxistische Erneuerung. Nr. 116, Dezember 2018. S. 96-104, hier S. 99.
115 Elmar Altvater / Achim Brunnengräber (Hrsg.): Ablasshandel gegen Klimawandel? Marktbasierte Instrumente in der globalen Klimapolitik und ihre Alternativen. Hamburg. S. 17.
116 Fernand Braudel (1986): Sozialgeschichte des 15. bis 18. Jahrhunderts: Der Handel. Frankfurt a. M. S. 695.
117 Thomas Robert Malthus (1977): Das Bevölkerungsgesetz. München. S. 67 f.
118 Thomas Robert Malthus (1924): Eine Abhandlung über das Bevölkerungsgesetz. Jena. 2. Ausgabe. S. VII. Online: www.digitalis.uni-koeln.de/Malthus/malthus_index.html.
119 Karl Marx (1967): Theorien über den Mehrwert. MEW 26.2. Berlin. S. 113.
120 Karl Marx (1987): Das Kapital. Band 1. MEW 23. Berlin. S. 17.
121 Ebd. S. 18.
122 Friedrich Engels (1981): Umrisse zu einer Kritik der Nationalökonomie. MEW 1. Berlin. S. 520.
123 Bruno Kern (2019): Das Märchen vom Grünen Wachstum: Plädoyer für eine solidarische und nachhaltige Gesellschaft. Zürich. S. 203. Justus Liebig selbst vertrat sich in seinem Spätwerk übrigens ausdrücklich malthusianische Thesen.
124 Karl Marx (1964): Das Kapital. Band 3. MEW 25. Berlin. S. 821.
125 Garrett Hardin (1974): Lifeboat Ethics: The Case Against Helping the Poor. In: Psychology Today. September 1974. S. 38.
126 Paul Robbins, zitiert nach: Kristina Dietz / Markus Wissen (2009): Kapitalismus und »natürliche Grenzen«: Eine kritische Diskussion ökomarxistischer Zugange zur ökologischen Krise. PROKLA. Zeitschrift für Kritische Sozialwissenschaft, 39. Jg., Nr. 156. S. 351-369, hier S. 351.
127 Wuppertal Institut für Klima, Umwelt, Energie (2008): Zukunftsfähiges Deutschland in einer globalisierten Welt. Ein Anstoß zur gesellschaftlichen Debatte. Hrsg. von Bund für Umwelt und Naturschutz Deutschland, Brot für die Welt, Evangelischer Entwicklungsdienst. Frankfurt a. M. S. 117.
128 James O'Connor (1998): Natural Causes: Essays in Ecological Marxism. New York: Guildford Press. Eigene Übersetzung.
129 Ebd. S. 166. Eigene Übersetzung.
130 Ebd. S. 243. Eigene Übersetzung.

131 Andreas Malm (2020): Klima|x. Berlin. S. 165.
132 Bundesministerium für Umwelt, Naturschutz, Bau und Reaktorsicherheit (2017): Umweltbewusstsein in Deutschland 2016. Ergebnisse einer repräsentativen Bevölkerungsumfrage. Online: www.umweltbundesamt.de/sites/default/files/medien/376/publikationen/umweltbewusstsein_deutschland_2016_bf.pdf.
133 Nikolaus Piper (2020): Vom Nutzen der Märkte. In: Süddeutsche Zeitung Nr. 26, 1.2.2020. S. 24.
134 Bundesregierung (2019): Klimaschutzplan 2030. S. 8. Online: www.bundesregierung.de/resource/blob/975226/1679914/e01d6bd855f09bf05cf7498e06d0a3ff/2019-10-09-klima-massnahmen-data.pdf.
135 Bruno Kern (2019): Das Märchen vom Grünen Wachstum: Plädoyer für eine solidarische und nachhaltige Gesellschaft. Zürich. S. 61.
136 Ebd. S. 64.
137 Wissenschaftlicher Dienst Bundestag (2018): Zur Ökobilanz der Windenergietechnologie unter Berücksichtigung Seltener Erden. Online: www.bundestag.de/resource/blob/543800/a9906e8e1985f9078cd2209fb9e159fd/WD-8-010-18-pdf-data.pdf.
138 Ebd. S. 4.
139 Axel Müller (2018): Rohstoffefür die Energiewende: Menschenrechtliche und ökologische Verantwortung in einem Zukunftsmarkt. Aachen: Bischöfliches Hilfswerk Misereor. S. 14.
140 Wissenschaftlicher Dienst Bundestag (2018): Zur Ökobilanz der Windenergietechnologie unter Berücksichtigung Seltener Erden. S. 9. Online: a. a. O.
141 Wissenschaftlicher Beirat Globale Umweltfragen (2011): Welt im Wandel – Gesellschaftsvertrag für eine Große Transformation. Hauptgutachten. Berlin: WBGU. S. 189.
142 Bruno Kern (2019): Das Märchen vom Grünen Wachstum: Plädoyer für eine solidarische und nachhaltige Gesellschaft. Zürich. S. 57.
143 DPA: Haben E-Autos bessere Ökobilanz als Benziner und Diesel?, 17.9.2019.
144 Winfried Wolf (2019): Das Elektroauto – eine Sackgasse. In: Lunapark 21. Nr. 45, Frühjahr 2019.
145 Bundesregierung (2019): Antwort »Risiken und Chancen der Digitalisierung in der Landwirtschaft für Gesellschaft und Gemeinwohl« Drucksache 19/16229, 19. Wahlperiode, 23.12.2019. Online: https://kleineanfragen.de/bundestag/19/16229-risiken-und-chancen-der-digitalisierung-in-der-landwirtschaft-fuer-gesellschaft-und-gemeinwohl.
146 Christine Rösch / Marc Dusseldorp / Rolf Meyer (2005): Precision Agriculture. Arbeitsbericht Nr. 106, Dezember 2005. S. 13. Online: www.tab-beim-bundestag.de/de/pdf/publikationen/berichte/TAB-Arbeitsbericht-ab106.pdf.
147 Katharina Kawall (2020): Klimatoleranz: komplex und unverstanden. In: Genethischer Informationsdienst. Ausgabe 255, November 2020. Berlin. S. 8-10, hier S. 9.
148 International Energy Agency (2020): Energy Technology Perspectives 2020. Paris: IEA.

149 UK FIRES (2019): Absolute Zero: Delivering the UK's climate change commitment with incremental changes to today's technologies. University of Cambridge. S. 1. Eigene Übersetzung.
150 Oliver Geden / Felix Schenuit (2019): Unkonventioneller Klimaschutz: Gezielte $CO_2$-Entnahme aus der Atmosphäre als neuer Ansatz in der EU-Klimapolitik. Berlin: Stiftung Wissenschaft und Politik. S. 8.
151 Ebd. S. 6.
152 Mark Jacobson (2009): Review of solutions to global warming, air pollution, and energy security. In: Energy and Environmental Science. 2. Jg. S. 148-173, hier S. 155.
153 Wissenschaftlicher Dienst Bundestag (2018): Zur Ökobilanz der Windenergietechnologie unter Berücksichtigung Seltener Erden. S. 6. Online: www.bundestag.de/resource/blob/543800/a9906e8e1985f9078cd2209fb9e159fd/WD-8-010-18-pdf-data.pdf.
154 Will Steffen et al. (2011): The Anthropocene: From Global Change to Planetary Stewardship. In: Ambio. 40. Jg., Nr. 7, November 2011. S. 739-761, hier S. 752.
155 Website der International Energy Agency. Online: www.iea.org/fuels-and-technologies/carbon-capture-utilisation-and-storage.
156 Brandon Sutherland (2019): Pricing $CO_2$ Direct Air Capture. In: Joule, 3. Jg., Nr. 7, 17.7.2019. S. 1571-1573, hier S. 1572. Eigene Übersetzung.
157 Minqi Li, zitiert nach: Bruno Kern (2019): Das Märchen vom Grünen Wachstum: Plädoyer für eine solidarische und nachhaltige Gesellschaft. S. 80.
158 Kevin Anderson / Glen Peters (2016): The trouble with negative emissions. In: Science. Bd. 354, Nr. 6309. 14.10.2016, S. 182 f.
159 Chelsea Harvey (2016): We're placing far too much hope in pulling carbon dioxide out of the air, scientists warn. In: Washington Post, 13.10.2016. Eigene Übersetzung.
160 Zitiert in: David Kramer (2020): Negative carbon dioxide emissions. In: Physics Today, 73. Jg., Nr. 1. S. 44. Eigene Übersetzung.
161 Jean-Francois Bastin et al. (2019): The global tree restoration potential. In: Science, 5.7.2019.
162 Joseph Veldman (2019): »Comment on ›The global tree restoration potential‹« In: Science. Bd. 366, Nr. 6463, 18.10.2019.
163 Andrew Glester (2018): The Asteroid Trillionaires. In: Physics World, Juni 2018.
164 Paul Ehrlich (1997): No Middle Way on the Environment. In: The Atlantic. Bd. 280, Nr. 6, Dezember 1997. S. 98-104.
165 Uwe Schneidewind (2018): Die Große Transformation: Eine Einführung in die Kunst gesellschaftlichen Wandels. Frankfurt a. M. S. 26.
166 WBGU (2011): Welt im Wandel – Gesellschaftsvertrag für eine Große Transformation. Hauptgutachten. Berlin: WBGU. S. 1 f. Online: www.wbgu.de/fileadmin/user_upload/wbgu/publikationen/hauptgutachten/hg2011/pdf/wbgu_jg2011.pdf.
167 Nicole Glanemann / Sven N. Willner / Anders Levermann (2020): Paris Climate Agreement passes the cost-benefit test. Nature Communications. 11. Jg., Nr. 110, 2020.

168 Carola Paul / Nick Hanley / Sebastian T. Meyer / Christine Fürst / Wolfgang W. Weisser / Thomas Knoke (2020): On the functional relationship between biodiversity and economic value. Science Advances. 29.1.2020.
169 Sachverständigenrat zur Begutachtung der gesamtwirtschaftlichen Entwicklung (2019): Sondergutachten Aufbruch in eine neue Klimapolitik 2019. Wiesbaden. S. 58. Online: www.sachverstaendigenrat-wirtschaft.de/fileadmin/dateiablage/gutachten/sg2019/sg_2019.pdf.
170 Ebd. S. 125, S. 58.
171 Bernd Hansjürgens (2015): Zur Neuen Ökonomie der Natur: Kritik und Gegenkritik. In: Wirtschaftsdienst, 95. Jg., Nr. 4. S. 284-291.
172 Franz Groll (2004): Wie das Kapital die Wirtschaft ruiniert: Der Weg zu einer ökologisch-sozialen Gesellschaft. München.
173 Terry Anderson / Donald Leal (1991): Free Market Environmentalism. San Francisco: Pacific Research Institute for Public Policy. S. 34.
174 Keith Paustian et al. (2019): Quantifying carbon for agricultural soil management: From the current status toward a global soil information system. In: Carbon Management, 10:6. S. 567-587.
175 Quinn Slobodian (2019): Globalisten. Das Ende der Imperien und die Geburt des Neoliberalismus. Frankfurt a. M. Jürgen Nordmann (2005): Der lange Marsch zum Neoliberalismus: Vom Roten Wien zum freien Markt – Popper und Hayek im Diskurs. Hamburg.
176 Garrett Hardin (1974): Lifeboat Ethics: The Case Against Helping the Poor. In: Psychology Today, September 1974. S. 38. Eigene Übersetzung.
177 Garrett Hardin (1968): The Tragedy of the Commons. In: Science. Bd. 162, Nr. 3859, 13.12.1968, S. 1243-1248, hier S. 1247. Eigene Übersetzung.
178 Ebd., S. 1244. Eigene Übersetzung.
179 Wohlgemerkt: kann, nicht muss! Elinor Ostrom (1999): Die Verfassung der Allmende: Jenseits von Staat und Markt. Tübingen.
180 Julia Löhr (2020): »Wenn einer SUV fahren will, dann lassen Sie ihn doch!« In: Frankfurter Allgemeine Zeitung, 28.2.2020.
181 Ivanova / Wood (2020): The unequal distribution of household carbonfootprints in Europe and its link tosustainability. In: Global Sustainability, Bd. 3, Nr. 18. S. 1-12.
182 United Nations Environment Programme (2020). Emissions Gap Report 2020. Nairobi. S. XIII.
183 Stefan Gössling / Andreas Humpe (2021): The global scale, distribution and growth of aviation: Implications for climate change. In: Global Environmental Change. Bd. 65.
184 Saral Sarkar, zitiert nach: Bruno Kern (2019): Das Märchen vom Grünen Wachstum: Plädoyer für eine solidarische und nachhaltige Gesellschaft. Zürich. S. 99 f.
185 William Stanley Jevons (1865): The Coal Question: An Inquiry Concerning the Progress of the Nation, and the Probable Exhaustion of Our Coal Mines. London: MacMillan and Co. S. 140-142. Online: https://oll.libertyfund.org/titles/jevons-the-coal-question.

186 Bruno Kern (2019): Das Märchen vom Grünen Wachstum: Plädoyer für eine solidarische und nachhaltige Gesellschaft. Zürich. S. 87.
187 Schmidt / Schneider / Leverenz / Hafner (2019): Lebensmittelabfälle in Deutschland – Baseline 2015. Braunschweig: Johann Heinrich von Thünen-Institut. Thünen Report 71, Diese Zahlen beruhen auf Schätzungen und Selbstauskünften der Unternehmen, wahrscheinlich liegen sie in Wirklichkeit deutlich höher.
188 Lobell / Cassman / Field (2009): Crop Yield Gaps: Their Importance, Magnitudes, and Causes. In: Annual Review of Environment and Resources. 34. Jg., Nr. 1. S. 179-204.
189 Olivier De Schutter / Emile Frison John Wilkinson (2017): Hunger bleibt auch mit Chemie. In: Konzernatlas 2017: Daten und Fakten über die Lebensmittelindustrie. Herausgegeben von Heinrich-Böll-Stiftung, Rosa-Luxemburg-Stiftung, Bund für Umwelt und Naturschutz Deutschland, Oxfam Deutschland, Germanwatch, Le Monde diplomatique. S. 32 f., hier S. 32. Online: www.bund.net/fileadmin/user_upload_bund/publikationen/landwirtschaft/landwirtschaft_konzernatlas_2017_01.pdf.
190 Philip McMichael (2009): A food regime genealogy. In: Journal of Peasant Studies. Jg. 36, Nr. 1, Januar 2009, S. 139-169.
191 Tony Weis (2010): The Accelerating Biophysical Contradictions of Industrial Capitalist Agriculture. In: Journal of Agrarian Change. 10. Jg., Nr. 3, Juli 2010. S. 315-341, hier S. 321.
192 Michael Pollan (2011): Das Omnivoren-Dilemma: Wie sich die Industrie der Lebensmittel bemächtigte und warum Essen so kompliziert wurde. München: Goldmann.
193 Zitiert nach: Toamsz Konicz (2020): Klimakiller Kapital: Wie ein Wirtschaftssystem unsere Lebensgrundlagen zerstört. Wien/Berlin. S. 85.
194 Björn Bünger / Astrid Matthey (2019): Methodenkonvention 3.0 zur Ermittlung von Umweltkosten. Methodische Grundlagen: Ökonomische Bewertung von Umweltschäden Methodenkonvention 2.0 zur Schätzung von Umweltkosten. Dessau-Roßlau: Bundesumweltamt. Online: www.umweltbundesamt.de/sites/default/files/medien/1410/publikationen/2019-02-11_methodenkonvention-3-0_kostensaetze_korr.pdf
195 Martin Cames / Ralph Harthan / Jürg Füssler / Michael Lazarus / Carrie Lee / Peter Erickson / Randall Spalding-Fecher (2016): How additional is the Clean Development Mechanism? Analysis of the application of current tools and proposed alternatives. Study prepared for DG CLIMA. Online: www.oeko.de/publikationen/p-details/how-additional-is-the-clean-development-mechanism.
196 Winfried Wolf (2009): Verkehr. Umwelt. Klima. Die Globalisierung des Tempowahns. Wien. S. 136 ff.
197 Grégoire Chamayou (2019): Die unregierbare Gesellschaft: Eine Genealogie des autoritären Liberalismus. Frankfurt a. M. S. 260.
198 Ebd. S. 252.
199 Don Slater (1999): Consumer Culture and Modernity. Cambridge: Polity Press. S. 27. Eigene Übersetzung.

200 Bundesministerium für Umwelt, Naturschutz, Bau und Reaktorsicherheit (2017): Umweltbewusstsein in Deutschland 2016. Ergebnisse einer repräsentativen Bevölkerungsumfrage. Online: www.umweltbundesamt.de/sites/default/files/medien/376/publikationen/umweltbewusstsein_deutschland_2016_bf.pdf.

201 Eric Bell / Arpad Horvath (2020): Modeling the carbon footprint of fresh produce: Effects of transportation, localness, and seasonality on US orange markets. In: Environmental Research Letters, 15. Jg., Nr. 3, 3.3.2020.

202 Vgl. Foundational Economy Collective (2019): Die Ökonomie des Alltagslebens: Für eine neue Infrastrukturpolitik. Frankfurt a. M.

203 IRENA (2020): Reaching zero with renewables: Eliminating $CO_2$ emissions from industry and transport in line with the 1.5 °C climate goal, International Renewable Energy Agency, Abu Dhabi. S. 22. Andererseits sollten Förderländer ohne erneuerbare Ressourcen wie China, Japan und Korea Stahl importieren, heißt es dort.

204 Zitiert in: Naomi Klein (2019): Warum nur ein Green New Deal unseren Planeten retten kann. Hamburg. S. 39.

205 Online: https://unfccc.int/resource/docs/convkp/convger.pdf.

206 Jacqueline Andres (2020): Krieg und Klima. In: Ausdruck – Magazin der Informationsstelle Militarisierung. Nr. 102, September 2020. Online: www.imi-online.de/2020/07/21/krieg-und-klima.

207 Neta Crawford (2019): Pentagon Fuel Use, Climate Change, and the Costs of War. Watson Institute for International and Public Affairs, Brown University, 13.11.2019. Online: https://watson.brown.edu/files/watson/imce/news/ResearchMatters/Pentagon%20Fuel%20Use%2C%20Climate%20Change%20and%20the%20Costs%20of%20War%20Final.pdf.

208 Jacqueline Andres (2020): Krieg und Klima. In: Ausdruck – Magazin der Informationsstelle Militarisierung. Nr. 102, September 2020. Online: www.imi-online.de/2020/07/21/krieg-und-klima.

209 Christian Zeller (2020): Revolution für das Klima: Warum wir eine ökosozialistische Alternative brauchen. München. S. 10 f.

210 John Bellamy Foster (2015): Marxismus und Ökologie: Gemeinsame Quellen einer Großen Transformation. In: Michael Brie (Hrsg.): Lasst uns über Alternativen reden: Beiträge zur kritischen Transformationsforschung. Hamburg. S. 57-75, hier S. 69 f.

211 John Bellamy Foster (2015): Marxismus und Ökologie: Gemeinsame Quellen einer Großen Transformation. In: Michael Brie (Hrsg.): Lasst uns über Alternativen reden: Beiträge zur kritischen Transformationsforschung. Hamburg. S. 57-75, hier S. 70.

212 Victor Wallis (2000): ›Progress‹ or progress? Defining a socialist technology. In: Socialism and Democracy. 14(1). S. 45-61, hier S. 56. Eigene Übersetzung.

213 Zur »Wirtschaftsrechnung im Sozialismus 2.0« siehe Paul Cockshott / Allin Cottrell (2006): Alternativen aus dem Rechner. Für sozialistische Planung und direkte Demokratie. Köln. Evgeny Morozov (2019): Digital Socialism? The Calculation Debate in the Age of Big Data. In: New Left Review. 116/117, S. 33-67. Leigh Phillips / Michal Rozworski (2019): The People's Republic of Walmart:

How the World's Biggest Corporations are Laying the Foundation for Socialism. New York / London.

214 Christian Zeller hat dazu Vorschläge gemacht, vgl. Zeller (2020): Revolution für das Klima: Warum wir eine ökosozialistische Alternative brauchen. München.

215 Naomi Klein (2019): Warum nur ein Green New Deal unseren Planeten retten kann. Hamburg. S. 37.

216 Katharina Schramm (2020): Radikal bis neoliberal – aktuelle Konzepte des Green New Deals. In: Z. Zeitschrift Marxistische Erneuerung. Nr. 121, März 2020. S. 76-85.

217 Steffen Lehndorff (2020): Vorbild und Verheißung: Roosevelts New Deal. In: Blätter für deutsche und internationale Politik, September 2020. Berlin. S. 83-93, hier S. 84.

218 Naomi Klein (2019): Warum nur ein Green New Deal unseren Planeten retten kann. Hamburg. S. 37, 294.

219 Ian Angus (2020): Im Angesicht des Anthropozäns: Klima und Gesellschaft in der Krise. Münster. S. 145 f.

220 Lynn Turgeon, zitiert in: Ian Angus (2020): Im Angesicht des Anthropozäns: Klima und Gesellschaft in der Krise. Münster. S. 145.

221 Ian Angus (2020): Im Angesicht des Anthropozäns: Klima und Gesellschaft in der Krise. Münster. S. 140-147.

222 Thomas Ferguson (1984): From Normalcy to New Deal: Industrial Structure, Party Competition, and American Public Policy in the Great Depression. In: International Organization, Band 38, Nr. 1 (Winter 1984). S. 41-94, hier S. 46. Eigene Übersetzung.

223 Ulrich Brand / Markus Wissen (2017): Imperiale Lebensweise: Zur Ausbeutung von Mensch und Natur im globalen Kapitalismus. München. S. 40. Auf die Frage der Bündnisse geht das Buch übrigens nicht weiter ein.

224 Zitiert nach: Christian Stache (2017): Kapitalismus und Naturzerstörung: Zur kritischen Theorie des gesellschaftlichen Naturverhältnisses. Leverkusen/Opladen. S. 281.

225 Alain Lipietz (1991): Die Beziehungen zwischen Arbeit und Kapital am Vorabend des 21. Jahrhunderts. In: Leviathan. Zeitschrift für Sozialwissenschaft. Opladen. S. 78-101, hier S. 94.

226 Christian Stache (2017): Kapitalismus und Naturzerstörung: Zur kritischen Theorie des gesellschaftlichen Naturverhältnisses. Leverkusen/Opladen. S. 524.

227 Stefania Barca (2012): On working-class environmentalism: a historical and transnational overview. In: Interface. Journal for and about Social Movements. 4. Jg., Nr. 2, November 2012. S. 61-80, hier S. 62. Eigene Übersetzung.

228 Fanny Zeise (2020): Wir müssen reden! Aber weniger über die Industriegewerkschaften als vielmehr mit ihren Mitgliedern. In: neues deutschland, 26.6.2020.

229 Bruno Kern (2019): Das Märchen vom Grünen Wachstum: Plädoyer für eine solidarische und nachhaltige Gesellschaft. Zürich. 19 f.

230 Niko Paech (2012): Befreiung vom Überfluss: Auf dem Weg in die Postwachstumsökonomie. München. S. 44.

231 Ulrich Brand / Markus Wissen (2017): Imperiale Lebensweise: Zur Ausbeutung von Mensch und Natur im globalen Kapitalismus. München. S. 52.

232 Ebd. S. 51.

233 Ebd. S. 170.

234 Bruno Kern (2019): Das Märchen vom Grünen Wachstum: Plädoyer für eine solidarische und nachhaltige Gesellschaft. Zürich. S. 20.

235 Christian Stache (2918): Naturausbeutung als Klassenfrage. In: Z. Zeitschrift Marxistische Erneuerung. Nr. 116, Dezember 2018. S. 96-105, hier S. 104.

236 Christian Zeller (2020): Revolution für das Klima: Warum wir eine ökosozialistische Alternative brauchen. München. S. 57. Zu ergänzen wären die Beschäftigten auf den Äckern und in den sozialen Einrichtungen.

237 Oliver Pye (2017): Für einen *labour turn* in der Umweltbewegung: Umkämpfte Naturverhältnisse und Strategien sozial-ökologischer Transformation. In: PROKLA. Zeitschrift für Kritische Sozialwissenschaft, 47. Jg., Nr. 189, Nr. 4. Opladen. S. 517-534, hier S. 530 f.

238 Katharina Schramm (2020): Radikal bis neoliberal – aktuelle Konzepte des Green New Deals. In: Z. Zeitschrift Marxistische Erneuerung. Nr. 121, März 2020. S. 76-85, hier S. 81 f.

239 Naomi Klein (2019): Warum nur ein Green New Deal unseren Planeten retten kann. Hamburg. S. 37, 294.

240 Ulrich Brand / Markus Wissen (2017): Imperiale Lebensweise: Zur Ausbeutung von Mensch und Natur im globalen Kapitalismus. München. S. 185.

241 Klaus Dörre (2020): Gesellschaft in der Zangenkrise: Vom Klassen- zum sozial-ökologischen Transformationskonflikt. In: Dörre / Holzschuh / Köster / Sittel (Hrsg.): Abschied von Kohle und Auto? Sozial-ökologische Transformationskonflikte um Energie und Mobilität. Frankfurt a. M. / New York. S. 23-70, hier S. 69.

242 Simon Sutterlütti / Stefan Meretz (2018): Kapitalismus aufheben: Eine Einladung, über Utopie und Transformation neu nachzudenken. Hamburg.

243 Christian Zeller (2020): Revolution für das Klima: Warum wir eine ökosozialistische Alternative brauchen. München. S. 208.

244 Andreas Malm (2020): Klima|x. Berlin. S. 228 ff.

245 Ulrich Beck (1986): Risikogesellschaft: Auf dem Weg in eine andere Moderne. Frankfurt a. M. S. 48.

246 Stefania Barca (2012): On working-class environmentalism: a historical and transnational overview. In: Interface. Journal for and about Social Movements. 4. Jg., Nr. 2, November 2012. S. 61-80, hier S. 76. Eigene Übersetzung.

247 John Bellamy Foster (2015): Marxismus und Ökologie: Gemeinsame Quellen einer Großen Transformation. In: Michael Brie (Hrsg.): Lasst uns über Alternativen reden: Beiträge zur kritischen Transformationsforschung. Hamburg. S. 57-75, hier S. 73.

248 Andreas Malm (2020): Wie man eine Pipeline in die Luft jagt: Kämpfen lernen in einer Welt in Flammen. Berlin. S. 165 f.

*Bitte beachten Sie auch die folgenden Seiten.*